DE QUELQUES

RÉFORMES POSSIBLES

PAR

B. NICOLLET,

Ouvrier typographe.

GRENOBLE,

IMPRIMERIE DE N. MAISONVILLE, RUE DU PALAIS, 4.

1850

PRÉFACE.

Les pages qu'on va lire sont le fruit, non de la science, — il n'est pas encore permis à l'ouvrier de l'acquérir, — mais des réflexions que j'ai pu faire sur la société actuelle et sur les maux qu'elle traîne après elle. Je suis loin de prétendre avoir conçu un plan complet et irréprochable, mais je suis convaincu de sa praticabilité. Bien des systèmes de rénovation sociale se sont produits, bien des idées ont vu le jour; mais, si je ne me trompe, les uns comme les autres, plus ou moins, ont l'irréparable tort d'avoir besoin d'une autre Société que la nôtre pour pouvoir passer de la théorie dans le domaine des faits.

Cependant, tous ces systèmes ont leur côté recommandable. J'admire dans Cabet l'idée de fraternité, mais cela seul, car je crois le communisme radicalement impossible; — dans Fourier, dont le système est le plus complet de tous ceux connus, son organisation du travail, son enseignement, et bien d'autres choses vraiment remarquables; — dans Pierre Leroux, sa religion humanitaire et philosophique; — dans Proudhon, sa banque d'échange, loin pourtant d'être exempt de reproches; — dans Emile de Girardin, sa simplification des rouages administratifs. Enfin, il n'est pas une des idées nouvelles qui ne se recommande par quelque chose d'heureux, de sublime même; mais, pour ne vouloir chercher aucun palliatif à la maladie sociale, leurs auteurs se sont interdit à jamais peut-être l'application de leur remède sur ce corps gangrené aux trois quarts qui a besoin d'être soulagé le plus tôt possible.

Je le répète : je suis loin, bien loin de prétendre avoir mieux fait, moi pauvre et ignorant ouvrier, que toutes ces intelligences d'élite dont j'ai nommé quelques-unes; non, certes. Mon but principal a été de faire réfléchir sur les idées que j'émets, espérant que quelque esprit plus vaste, plus sûr que le mien, les prendra à l'état d'ébauche pour les rendre intelligibles et complètes.

Je ne suis pas exclusif, je ne suis pas un amant énamouré de son œuvre : si je voyais se produire quelques idées praticables pouvant avoir de plus immédiates conséquences que les miennes, je me rattacherais à elles avec bonheur, et je leur apporterais avec empressement le concours tout entier de mes faibles forces.

Le bonheur de mon pays avant tout ;—je ne suis pas *quand même* d'un parti seulement *politique*, je suis avant tout de ce parti *humanitaire* qui veut le bien de tous, du riche comme du pauvre ; de ce parti qui veut donner au premier la possibilité de jouir tranquillement et sans remords, au second la faculté de pouvoir vivre (et non végéter) en travaillant lorsqu'il est valide, de se reposer sans aumône lorsqu'il est infirme ou vieillard. Je suis de ceux qui veulent une égalité MORALE, une liberté raisonnée, une fraternité sans limites. Ayant connu toutes les misères, m'étant heurté à presque tous les vices de notre faux-milieu social, j'ai réfléchi sur la *cause* et sur l'*effet*, et c'est le résultat de ces réflexions que je livre à la pensée et à la critique de chacun.

DE LA CONSTITUTION ET DE LA MISSION DU CLERGÉ
DANS LE PRÉSENT ET DANS L'AVENIR.

> Gardez-vous des faux prophètes qui viennent à vous couverts de peaux de brebis et qui au-dedans sont des loups ravissants.
> (EVANGILE SELON SAINT MATHIEU, ch. 6, v. 15.)

> Ne vous mettez point en peine d'avoir de l'or ou de l'argent, ou d'autre monnaie dans votre bourse.
> (IDEM,— Inst. de J.-C. aux Apôtres. ch. 10, v. 9.)

> Venez à moi, vous tous qui êtes fatigués et qui êtes chargés, et je vous soulagerai.
> (IDEM. — Idem, chap. 11, v. 28.)

Personne ne nie, pas même ceux qui ont conservé le plus d'illusions sur le christianisme du temps présent et sur ses ministres, personne ne nie, dis-je, que notre semblant de religion n'est que l'ombre de celle que le Christ a léguée au monde. Détournée de son but et de sa simplicité primitive; — devenue depuis longtemps un instrument à plusieurs fins dont se sont servis tous les intérêts temporels, même les plus infâmes; — moyen de pouvoir pour les uns, de compression pour les autres; — auxiliaire de toute politique gouvernementale quand cette politique lui donnait part au pouvoir, adversaire occulte ou déclarée de celle qui tendait à la faire rentrer dans sa voie purement spirituelle; — ayant des préférences pour telles classes, tels pouvoirs, tels individus; — faisant commerce de prières et de fraternité; — ne donnant à l'âme qu'une nourriture falsifiée et souvent radicalement fausse; — traduisant le Christ selon ses besoins terrestres; — enfin, mélange de bien et de mal : telle nous apparaît maintenant cette religion qui aurait pu être si grande, si respectée, si fructueuse, si elle était restée ce que le Christ l'avait faite, et si elle n'avait pas subi plus d'un stigmate des passions humaines!

Ce n'est pas à dire, toutefois, que, telle qu'elle est, la religion n'ait rien produit, ne produise rien de bien; le dire, serait mentir et juger avec prévention. Quant à moi, je m'incline avec adoration devant ces saintes femmes et sœurs de charité que l'on trouve à toute heure au chevet d'un lit d'hôpital ou du grabat de la mansarde; qui font abnégation complète d'elles-mêmes pour combattre les maladies les plus répugnantes, les plus dangereuses; qui consolent l'âme en même temps qu'elles cherchent à guérir le corps. J'ai aussi la plus grande vénération pour les mains qui font de la charité dans l'ombre; pour les prêtres évangéliques qui s'en vont consolant de cœur toutes les infortunes; pour les Belzunce, les Vincent de Paul, les Affre, les de Lagrée, les Toscan; pour les fervents missionnaires qui affrontent des dangers de toute sorte afin de porter le flambeau de la fraternité chrétienne chez les peuplades les plus sauvages; pour les

religieux qui, dans le but de secourir les voya-
geurs, vont enfouir leur existence au milieu
de déserts de neige ou de sable ; pour tous
ceux, en un mot, qui n'ont lu dans l'Evangile
que le devoir de faire le bien, et qui mettent
sans cesse en pratique ce code d'amour et de
fraternité.

Malheureusement, ces véritables chrétiens
sont seulement une exception à la règle ; à
chaque pas, pour ainsi dire, on rencontre des
hommes se disant les continuateurs du Christ,
et n'ayant au cœur qu'ambition, que fanatisme
vrai ou simulé, qu'intolérance pour tout ce qui
n'est pas eux, exclusivement eux ; le Christ a
dit : « Tous les hommes sont frères ; » eux
disent : « Hors de l'église romaine, il n'est pas
de salut.... » C'est dire : « *Hors de nous, il n'est
que des réprouvés....* » Sont donc réprouvées
alors les innombrables populations chez lesquelles la parole du Christ ne s'est pas encore
fait entendre, et qui adorent le Créateur en s'age-
nouillant devant la création ! Sont donc réprouvés ceux qui, dédaignant de prier dans un
temple, œuvre des hommes, prient avec fer-
veur sous la voûte de ce temple immense que
nous appelons la Nature ! Sont donc réprouvés
ceux qui, donnant essor à leur raison, déga-
gent le Christ des nuages délétères dont l'ont
entouré ses *terrestres* ministres, pour l'adorer
dans toute sa simple et fraternelle splendeur !
Sont donc réprouvés aussi ceux qui persistent
à chercher dans le christianisme autre chose
que ce qu'y ont trouvé les Hildebrand, les Bor-
gia ou les Pères Roothan, et qui, d'accord avec
le Christ et la plupart des Pères de l'Eglise,
croient fermement que les prêtres doivent être

les serviteurs de tous, se faire les plus humbles
et ne chercher que le royaume de Dieu, au lieu
de vouloir dominer autrement que par la vertu
et de convoiter sans cesse les biens de la terre!
Sont réprouvés encore, comme l'a été autrefois
Lamennais et comme l'a été récemment l'abbé
Chantôme, ceux qui, refusant d'obéir en tout
à l'*infaillibilité* de l'évêque de Rome, pro-
fessent que l'Eglise gallicane ne doit relever
que d'elle-même et cesser d'être un état dans
l'état!

Mais mon intention n'est pas de faire passer
sous les yeux de mes lecteurs le tableau de tous
les errements de l'église romaine. Je suis trop
petit pour si grande tâche. D'ailleurs, le mal
est connu; on le touche du doigt depuis si longtemps, que les plus rétifs doivent s'être rendus
à l'évidence. Si cet état de choses se prolongeait
de longues années encore, c'en serait fait de
toute moralité, de toute vertu.

- Qu'est-il arrivé déjà?

- C'est que nous suivons la pente du scepticis-
me, que notre âme se dépeuple des croyances
religieuses, et que, par suite, notre bonheur
moral disparaît. Le jour n'est pas loin peut-
être où nous trouverons souverainement ridicule ce que nous croyons être saint; le respect
de toutes choses s'en va, le DOUTE nous envahit.
Cela est inévitable. En effet, quand, par le raisonnement, on s'est peu à peu débarrassé du
nombreux bagage des doctrines fausses, voire
même des superstitions de notre époque, il est
rare que l'on s'arrête juste au point extrême où
le raisonnement deviendrait de l'athéisme; tous
ne font pas la distinction nécessaire entre le
Christ et Rome; beaucoup font remonter jus-

qu'à Dieu les reproches que l'on peut faire à
ses ministres ; après avoir établi entre Lui et
eux une solidarité injuste et sacrilége, on finit,
soit par désespoir, soit par raison, soit même
par indifférence, on finit, dis-je, par les repousser également, et à ne pas plus croire au
créateur qu'à la créature.

Chez l'ouvrier surtout, cette assimilation est
familière, et cela se comprend de reste. Quand
l'hiver élit presque domicile dans son pauvre
réduit ; quand il travaille pour un insuffisant
salaire sous le soleil brûlant de l'été ; quand il
chôme et que la faim frappe à sa porte, s'il n'en
éprouve pas déjà les affreuses étreintes ; quand,
malade, il n'a que l'hôpital, vieillard, que l'hospice ou un dépôt de mendicité, ET QU'IL COM-
PARE, il se demande avec désespoir si cette religion, qu'on lui dit être de fraternité, n'est pas
une dérision ; il se demande si cette Providence,
qu'on lui dit veiller sans cesse sur lui, existe
réellement ; car *si cela était vrai*, pourrait-elle
permettre que, lui, soit livré à toutes les tem-
pêtes de cette vie, tandis que d'autres ont, sans
effort, sans travail, tout ce qui constitue le bonheur ? Alors le malheureux, à qui l'on n'a pas dit,
qui ne sait peut-être pas que c'est là seulement
œuvre humaine, se prend d'abord à douter, puis,
plus tard, à ne pas croire ; à mesure qu'il
avance dans la voie de la comparaison, il sent
son âme se dégarnir du trésor de croyances
qu'une intuition mystérieuse avait mis en elle ;
et quand il a perdu la dernière parcelle de ce
précieux trésor, il cherche le bonheur de l'OUBLI
dans des jouissances matérielles qui l'atro-
phient et le dégradent. L'âme vide, l'homme
moral est mort : ce n'est plus qu'un cadavre

vivant qu'aucune électricité chrétienne ne peut faire revivre....

A qui la faute?
1º À la sophistication de la religion du Christ;
2º A la mauvaise organisation de la société.

Voici comment, sauf erreur cependant, on pourrait faire du clergé une institution vénérable et utile, parce qu'alors il pourrait n'avoir aucune préoccupation temporelle, et qu'il serait *seulement* le continuateur de Dieu sur la terre.

Et d'abord, affranchissement complet de l'Eglise gallicane de la suzeraineté spirituelle et temporelle de Rome.

Tout a été dit sur cette question par des écrivains du plus sérieux talent; je ne m'attacherai donc pas à faire ressortir les importants et immenses résultats de cette séparation, absolument nécessaire pour que le clergé gallican n'élève plus contre l'état politique français un état clérical romain dont l'évêque de Rome est le chef ostensible et absolu.

Cette séparation consommée, le clergé français s'administrerait lui-même au moyen d'un concile supérieur, concile se réunissant une fois par an, et dont chaque session aurait au plus deux mois de durée; il pourrait, au besoin, avoir des sessions extraordinaires avec l'autorisation du conseil d'état, sur le rapport du ministre de la justice, à qui seraient soumises les raisons motivant la session extraordinaire. Le conseil d'état pourrait refuser, sans appel, l'autorisation demandée.

Le concile supérieur serait composé de tous les archevêques et évêques, d'un prêtre par département, élu pour cinq ans par l'assemblée de tout le clergé départemental, et de dix ecclésiastiques choisis par le ministre. Un traitement de 2,000 fr. serait accordé aux prêtres du concile, traitement qui ne se cumulerait pas avec celui auquel ils auraient droit en leur qualité de ministres du culte.

Le concile supérieur choisirait et proposerait au gouvernement trois candidats pour chacun des siéges épiscopaux vacants; ses attributions s'étendraient sur tout ce qui aurait trait aux matières théologiques, mais toutes ses décisions devraient recevoir la sanction du pouvoir existant.

Il y aurait un évêque par département, huit archevêques pour toute la France, un pour l'Algérie dont le siége serait à Alger, et un pour les autres colonies dont le siége serait à St-Pierre de la Martinique; ces deux derniers archevêques auraient la faculté d'envoyer des représentants au concile s'ils ne pouvaient s'y rendre; il en serait de même pour les évêques leurs suffragants.

Les archevêques auraient pour mission principale de sacrer les évêques nommés.

Les évêques nommeraient à toutes les fonctions ecclésiastiques ressortissant de leurs diocèses respectifs, mais les nominations ne deviendraient définitives qu'après approbation du préfet donnée en conseil de préfecture. Dans le cas de refus (qui devrait être motivé), il en serait référé au ministre, dont la décision, rendue en conseil d'état, ferait loi.

Les archevêques et évêques seraient logés aux frais des départements, et les curés aux frais des communes.

Les prêtres attachés aux établissements d'enseignement civil et ecclésiastique seraient proposés par l'évêque et nommés par le ministre sur l'avis du préfet. Si le candidat présenté n'était pas agréé, une liste de trois nouveaux candidats serait fournie par l'évêque avec le concours du préfet.

Suppression des canonicats.

Les curés de chacune des paroisses de la ville métropolitaine formeraient un conseil appelé à émettre son avis sur les matières théologiques qui lui seraient soumises par l'évêque, lequel en serait le président.

Suppression des fabriques.

L'état et le département pourvoiraient aux dépenses des églises : le premier ferait les frais des constructions, et le second tous ceux qui se rattachent au service intérieur. Les dons des particuliers pourraient être reçus quant à ce.

Suppression de toutes les congrégations. Interdiction formelle de tout ordre religieux, quels que soient sa dénomination et ses statuts.

Quant aux couvents, on tolérerait ceux seulement qui déclareraient se livrer eux-mêmes à la culture des terres qu'ils posséderaient au moment de la promulgation de la nouvelle constitution ecclésiastique ; on laisserait à ceux-là ce qui serait nécessaire à l'exploitation agricole ; tous les autres immeubles seraient acquis à l'état ; ils ne pourraient recevoir aucun legs ; et ne seraient aptes à accepter des dons entre-vifs que dans le cas où le donataire entrerait dans l'association agricole et religieuse tout à la fois ; cependant, le don ne pourrait jamais être que du cinquième de la fortune du donataire.

Cinq mille francs de traitement annuel seraient

alloués aux archevêques ; 4,000 fr. aux évêques ; 2,500 fr. aux curés de Paris, et 1,800 fr. à leurs vicaires ; 1,500 fr. aux curés des villes de deuxième classe, et 900 f. à leurs vicaires ; 1,200 fr. aux curés des villes de troisième classe et 800 fr. à leurs vicaires ; 1,000 fr. aux curés de chaque commune rurale et 600 fr. à leurs vicaires.

Il serait alloué 200 fr. en sus de son traitement au prêtre qui aurait à nourrir son père *ou* sa mère (dans le cas où *ils* seraient sans fortune, hors d'état de travailler *ou* vieillards) et 400 fr. à celui qui aurait à nourrir à la fois son père *et* sa mère.

Il serait formellement interdit à tous ecclésiastiques, et ce sous des peines sévères, de rien recevoir pour l'exercice de sa religion ; leur ministère serait entièrement gratuit ; ils ne percevraient par conséquent aucun droit pour occupation de chaises à l'église, naissances, mariages, inhumations, etc., etc. De plus, ils ne pourraient recevoir ni dons entre-vifs, ni legs, ni posséder en propre aucune fortune. Les successions auxquelles ils auraient droit appartiendraient au département dans lequel ils exerceraient leur ministère au moment où cette succession leur adviendrait ; l'état prélèverait un cinquième sur le total de la succession.

Création aux frais de l'état et des départements d'asiles départementaux pour les prêtres invalides ; outre le logement, la nourriture, etc., etc., ils recevraient indistinctement 300 fr. par an payables par trimestres.

Il n'y aurait qu'un prêtre à toutes les inhumations, quelle que fût la position sociale du défunt ; aucune distinction ne serait faite entre l'enterrement du riche et celui du pauvre.

La sonnerie d'inhumation serait la même pour tous.

Ceux qui décèderaient dans un hospice seraient inhumés séparément et conduits jusqu'au lieu de sépulture par le curé de l'hospice où ils seraient morts.

Les processions pourraient être faites après autorisation du maire.

Une école nationale de prédication serait établie à Paris pour les sujets remarquables qui auraient montré de l'aptitude pour la chaire.

Voilà quels devraient être, selon moi, les points fondamentaux de la nouvelle constitution du clergé gallican; bien des choses, certes, sont oubliées dans ce plan sommaire, mais je crois cependant avoir mis au jour les dispositions les plus essentielles. Mes lecteurs combleront facilement les lacunes qui peuvent exister dans ce que l'on vient de lire. Je ne reprendrai pas ces dispositions une à une pour en faire ressortir l'importance : puisque, moi, j'ai pu me rendre compte du bien qui résulterait de leur mise en pratique, je suis fondé à croire que tous comprendront aussi bien, et même mieux.

Je crois qu'au moyen de la mise en pratique de cette constitution, la France aurait un clergé à elle, qu'aucun intérêt, temporel ou autre, ne distrairait de sa mission tout évangélique et désintéressée. Il ne sèmerait alors que le bien; plus de préoccupation politique ou cléricale ne lui ferait souffler la tempête et la démoralisation; aussi récolterait-il le respect, l'amour de tous; il acquerrait par cela même un pouvoir mille fois plus grand que celui qu'il ambitionne depuis longtemps, pour l'obtention duquel il met tout en œuvre, le mal comme le bien, plutôt le mal, pouvoir cependant qui lui échappe toujours au moment où il croit le tenir : c'est que ce pouvoir est œuvre du démon, tandis que celui de l'avenir serait œuvre de Dieu..... Il aurait pour base indestructible, tant que l'édifice resterait entier, la raison du cœur, la vénération méritée qui s'attache à tout apostolat dignement rempli ; ce serait un *joug* fraternel au-devant duquel même on irait et que tous voudraient *subir*, tant il serait doux à porter ! Qui pourrait se refuser à aimer, à respecter un vrai ministre du Christ ?

Parlons maintenant du célibat des prêtres, question qui serait bien moins importante par la séparation de l'église gallicane d'avec Rome.

J'ai crainte, ici, de me trouver en désaccord avec bien des intelligences devant lesquelles pâlit la mienne ; mais, au risque de m'entendre dire que je ne comprends pas toute l'importance de cette question, je déclare que je crois le célibat des prêtres nécessaire, ou du moins sans inconvénient, non pas certes dans l'état actuel des choses, où il produit le plus grand mal, mais avec un autre enseignement que celui du temps présent, et sous la constitution ecclésiastique que j'ai tracée précédemment.

En effet, avec un système d'enseignement PAR APTITUDE comme je l'entends, et comme je le démontrerai lorsque je m'occuperai de cet objet, le prêtre ne le serait que parce que son intelligence, son cœur, son *aptitude native*, en un mot, lui auraient ordonné impérieusement, irrésistiblement de suivre cette carrière. L'enfant à qui l'on reconnaîtrait l'aptitude de la prê-

trise recevrait une éducation conforme à la
mission que la Nature, que Dieu l'appellent à
remplir; ce ne serait pas un prêtre de hasard
comme on en voit tant aujourd'hui : ce serait
son goût, sa passion; ce ne seraient pas ses
parents qui auraient décidé *d'en faire un curé*,
mais lui-même; des considérations toutes terrestres ne le feraient pas entrer dans la milice
du Christ, où maintenant il sert tant bien que
mal; mais son âme seule, mais sa destinée,
enfin....

Dira-t-on qu'il pourra se trouver de mauvais
prêtres qui, disciples par le caractère de la compagnie de Jésus, fausseront la tendance vers le
bien de ceux qui voudront être les vrais continuateurs du Christ? Mais, outre les difficultés
presque insurmontables que l'on éprouve
quand on veut changer le caractère natif de
l'homme, difficultés qui, à elles seules, seraient
déjà une garantie plus que suffisante, où pren-
drait-on les livres où celui que l'on voudrait
transformer en soldat de Loyola devrait puiser
la science de tromper ses frères et de falsifier
l'Evangile et la morale; car, j'oubliais de le
dire, aucun livre, religieux ou autre, ne serait
publié qu'avec le visa de l'état? Où seraient les
couvents dans lesquels on lui apprendrait à
être un autre lui-même? Où seraient son Ordre,
sa Compagnie, son Pape? Qu'est-ce qu'un soldat sans général, et où serait le sien? Non,
non, le prêtre serait alors seulement le soldat
de la société, car aucun autre intérêt que celui
de faire le bien, ne pouvant faire le mal, n'aurait de prise sur lui !

Puis, je ne saurais trop le répéter, il serait
prêtre parce qu'il l'aurait voulu, parce qu'il y

avait en lui l'étoffe d'un prêtre, parce qu'il ne pouvait même faire autre chose! On naît mathématicien, poète, orateur, menuisier, peintre, soldat, et si l'on n'est pas ce que la nature a voulu que l'on soit, ce que l'on vous fait faire est une tâche, et on ne fait jamais une tâche imposée sans qu'il y ait à y reprendre. Eh bien! l'on naît prêtre aussi : il en est dont le cœur est toujours prêt à verser sur toutes les infortunes le baume de la fraternité; il en est qui sont destinés par la nature à faire, à chaque instant, abnégation d'eux-mêmes en faveur de l'humanité tout entière; il en est dont la parole chrétienne s'unit à l'exemple pour donner à toutes les âmes cette nourriture spirituelle qui console ceux qui pleurent, et rend l'espérance à ceux qui désespèrent : ce sont ceux-là qui naissent prêtres; ceux-là sont bien les ministres du Christ! Et vous croyez que quelque chose au monde pourrait les faire dévier de la voie que Dieu leur dit de suivre? Bien de bons prêtres sont entourés, combattus même par d'autres qui n'en ont que la robe, et pourtant ils sont restés fidèles à leur sainte mission! C'est, je le dis encore, qu'ils étaient nés prêtres....; ceux-là se marient avec l'humanité, et c'est leur âme qui l'épouse!

On le voit donc : avec un enseignement autre que celui qui est pratiqué maintenant, le célibat des prêtres ne serait nullement à craindre; je dis plus, il serait nécessaire de le conserver : en effet, pourquoi vouloir le forcer à prendre femme, à concentrer sur elle une grande partie de l'affection qu'il éprouvait pour tous? Ne privons pas la société future de ces caractères unitéistes destinés à produire tant de bien si les lois humaines ne viennent arrêter leur céleste élan....

Je voudrais donc qu'aucune loi ne forçât les prêtres de se marier, mais je voudrais aussi qu'il leur fût permis de le faire, car il faut être conséquent avec la *liberté*. Seulement, le prêtre qui se marierait cesserait de l'être le jour même de son union. Convaincu comme je le suis des bons résultats d'un enseignement *par aptitude*, je suis persuadé que ce cas-là ne se présenterait pas, ou du moins si rarement que cela n'aurait aucune influence sur l'harmonie générale de la société. Ne nous en occupons donc plus.

Je termine par quelques mots sur les églises dites dissidentes, la liberté entière des cultes étant conservée.

L'église protestante se régirait, de même que l'église catholique, au moyen d'une assemblée supérieure des ministres ; les *ministres* recevraient un traitement semblable à celui des prêtres, traitement dont la base serait la population. Ainsi, les ministres qui auraient à desservir une population de 5 à 6,000 âmes auraient un traitement de curé de première classe ; pour 3,000, de deuxième classe ; au-dessous, de troisième classe. Aux ministres de première et de deuxième classe serait adjoint un vicaire ayant moitié traitement ; les ministres de troisième classe n'auraient pas de vicaire. Quant au mariage, ce que j'ai dit pour les prêtres, je le répète pour les ministres.

Les livres protestants seraient aussi soumis au visa de l'état. En général, tous les livres religieux seraient soumis à l'approbation ou au rejet d'une commission du conseil d'état pour

Paris et sa banlieue, commission à laquelle serait adjoint un ecclésiastique nommé par l'archevêque de Paris; et, dans les départements, au préfet en conseil de préfecture, toujours avec adjonction d'un ecclésiastique nommé par l'évêque et révocable à volonté par lui.

L'Eglise juive conserverait son administration actuelle; il n'y serait absolument rien changé.

Quant à la pénalité relative aux crimes et délits commis par des prêtres, elle serait rendue par les tribunaux civils, et le maximum de la peine serait toujours appliqué, sauf dans le cas où le jury déclarerait qu'il y a des circonstances atténuantes.

Je crois avoir indiqué sommairement tout ce qui est le plus essentiel pour régénérer le clergé et en faire ce qu'il est loin encore d'avoir été, ce qu'il doit être : le créateur, le conservateur du bonheur moral de l'homme, le consolateur de toutes les souffrances, l'exemple vivant de la fraternité, le *serviteur* de tous, le continuateur, l'ouvrier du Christ.

Lorsque le prêtre sera ainsi, le monde aura le bonheur moral, et c'est celui qui procure les plus douces jouissances....

DE L'ENSEIGNEMENT.

> A chacun selon son intelligence,
> afin que chacun soit à sa place et
> que tous soient utiles.

L'enseignement est le pivot des sociétés ; c'est lui qui fait tout mouvoir.

Aussi l'enseignement est-il un terrain sur lequel bien des combats intellectuels se sont déjà livrés.— Bien des lances se sont rompues dans cette lice, où descendirent tour-à-tour et tout à la fois les partisans quand même de l'enseignement sceptique et railleur de Voltaire ; de celui plus sainement philosophique, plus rationnel de Diderot et de son école ; de l'enseignement de cœur en même temps que de haute raison que préconisa Jean-Jacques ; de cet enseignement demi-religieux, demi-voltairien, demi-militaire, donné par une université impériale dont un M. de Fontanes était le grand-maître ; de cet enseignement à tendances toutes cléricales de la restauration, et dont la compagnie de Jésus était la dispensatrice presque souveraine ; de celui un peu plus progressif qui résulta de la révolution de juillet, et dont la loi de 1833, qui, dans la pensée de ses auteurs, devait être les colonnes d'Hercule de l'enseignement, était la *bienfaisante* consécration... Aussi quel pêle-mêle, quelle confusion, quels minimes et incomplets résultats !

Les uns crient : Votre enseignement est sceptique, voltairien, athée ; à bas l'université !

Les autres répondent : Le vôtre est superstitieux, incomplet ; il met la lumière sous le boisseau ; à bas l'enseignement clérical !

De là des tiraillements sans fin, entretenant la guerre des controverses passionnées là où il faut la paix des discussions philanthropiques et chrétiennes.

L'enfance est comme un trésor devant être partagé entre plusieurs, et dont aucun ne sait prendre sa juste part.

Aussi l'enfant ne sait-il qui croire, aussi l'homme est-il livré à un doute continuel.

Qui croire, en effet ? l'un disant : Tu te perds avec l'université ! — l'autre reprenant : Je suis seul dans la bonne voie !

Les uns et les autres vont trop loin, et, dans leurs récriminations, passent souvent à côté de la vérité.

Que résulte-t-il d'un tel enseignement ?

C'est que l'homme moral, au sortir des lycées, des séminaires ou des pensions, est un composé de doctrines religieuses et universitaires. MM. Cousin, de Montalembert et Thiers ont à la fois déteint sur lui, et pour peu que son esprit soit aventureux, ce mélange déjà passablement choquant se compliquera encore des idées philosophiques du jour ; alors c'est un fouillis où, malgré toute bonne volonté, il lui est impossible de se reconnaître. Il est dans la position d'un voyageur qui, parvenu au beau milieu d'une forêt, y trouve une clairière dans laquelle plusieurs chemins venant aboutir, il ne sait quel est celui qu'il faut prendre pour ne pas faire fausse route ; et comme il ne peut rester stationnaire et qu'il lui faut prendre un parti, il se lance tête baissée, au hasard, dans la première direction venue!

Il est temps, dans l'intérêt de l'humanité tout entière, qu'un tel état de choses cesse. Il faut que nous marchions à droite ou à gauche, et non tantôt d'un côté, tantôt de l'autre. Il faut que la position soit clairement tranchée, afin que le progrès, mais un progrès auquel on puisse donner un nom, soit possible.

Liberté d'enseignement ! Tel est le cri que pousse avec une louable émulation tout ce qui compose le parti-prêtre, et, avec lui, tous les gens à courte vue qui ne voient pas l'abîme.

Liberté d'enseignement ! crient même tous ces vieux *libéraux* qui, en se donnant pour les têtes de la démocratie, en sont encore à l'A B C de 1789; libéraux qui, quoique vivants, ont cessé d'être nos contemporains du jour où la France a compris qu'elle avait à espérer, à conquérir autre chose qu'une charte-vérité et le mot *République*.

Quant à moi, malgré mon infimité et le peu de poids que je mettrai dans la balance, j'ose dire :

Enseignement donné par l'état seul :

Unitaire ;

Obligatoire ;

Professionnel ;

Gratuit ;

Enfin, enseignement *par aptitudes*...

Je crois à la praticabilité de cet enseignement ; j'espère pouvoir démontrer cette praticabilité. Je sais bien qu'il y aura des obstacles nombreux ; que peut-être même il y aura quelques-uns de ces obstacles que l'on ne pourra surmonter tout à fait dans le temps présent ; mais, je le dis avec conviction, je crois que *le plus gros de l'ouvrage* peut être fait avec la génération actuelle, et que celle qui la suivra achèvera la tâche et recueillera tous les bénéfices.

Qu'il me soit permis, à ce sujet, de trouver étrange, tout au moins, l'opposition qui se manifeste chaque fois que l'on met en avant une idée neuve ; il semble, je l'ai déjà dit ailleurs, que cette idée soit perchée sur une montagne inaccessible, de laquelle on ne puisse la faire descendre ; on redoute de faire un pas pour l'y aller chercher ; on s'étonne même de son apparition, et l'on reste à la contempler, si même on ne lui tourne le dos. Et cependant que d'idées que l'on croyait impraticables sont passées dans le domaine des faits ! Que de fous, réputés tels, ont fait faire du chemin à la science, à l'humanité ! C'est qu'en effet, pour la plupart des nouvelles idées, dès que l'homme de bonne volonté hasarde un pas vers la montagne qui l'effraie, il la voit venir vers lui et se faire moins inaccessible ; si, plus hardi encore, il essaie de la gravir, dès qu'il y a posé un pied il la voit s'amoindrir, s'affaisser, disparaître, et le voyageur courageux est bientôt tout étonné de trouver une plaine unie et fertile au lieu du rocher inculte que son imagination lui avait fait entrevoir de prime-abord !

Si l'on réfléchissait davantage, l'ouvrier surtout, que de tâtonnements, que de maux on s'épargnerait !

C'est surtout à ce dernier que je m'adresse ; je le prie de médier, de réfléchir, non pas seulement, certes, sur ce que je mets au jour,— je suis trop moi-même dans les ténèbres pour oser prétendre à l'éclairer,— mais sur tout ce qui l'intéresse, politiquement et socialement. A réfléchir, il gagnera bien des choses, entre autres deux bien importantes : d'abord, celle de pouvoir faire lui-même en connaissance de cause ses affaires ; ensuite, celle de s'élever à ses propres yeux et à ceux des autres. Ces deux résultats méritent bien que, pour les obtenir, on se donne quelque peine morale...

Mais je m'aperçois que je m'éloigne de mon sujet ; j'y reviens.

Je vais, maintenant, exposer aussi brièvement qu'il me sera possible de quelle manière l'enseignement, tel que je l'ai dit plus haut, pourrait être départi à toutes les intelligences.

Je l'ai déjà dit : l'état seul départirait l'enseignement. On criera au monopole, au privilége, à la violation de la liberté du citoyen et surtout du père de famille ; soit. Pour le moment, je me contenterai de répondre à ce reproche en disant : Regardez ce qu'a produit votre liberté d'enseignement, comparez la société actuelle avec celle qui ressortirait d'un enseignement rationnel, et jugez.

Procédons par ordre.

Je vais d'abord parler des écoles où l'on élèverait l'homme ; je dirai ensuite en quelques mots comment j'entends l'éducation de la femme.

Je voudrais 1º une école dans chaque commune; cette école serait simplement élémentaire; l'enfant y entrerait à six ans et en sortirait à huit. Depuis sa naissance jusqu'à l'âge de son entrée dans l'école communale, il resterait dans sa famille. — Dans les villes, et à leurs frais, des salles d'asile tenues par des femmes recevraient les enfants de ceux que leurs occupations forceraient de s'absenter; là on leur apprendrait les premières notions de la lecture au moyen de la méthode chantante. — Les vacances de l'école communale seraient d'un mois. Les professeurs recevraient 1,000 fr. de traitement au minimum, 1,200 fr. au maximum, suivant l'importance de la population.

A huit ans, l'enfant quitterait l'école communale pour entrer dans une école cantonale établie, autant que possible, dans le chef-lieu du canton; cependant, si ce chef-lieu ne se trouvait pas au centre, et qu'il y eût de trop grandes différences dans le rayonnement des communes au chef-lieu cantonal, il serait fait choix de la commune la plus centrale. L'école cantonale serait ce que sont maintenant les écoles secondaires : on y continuerait l'instruction de l'enfant pendant trois ans.

Les professeurs de l'école cantonale mariés et ayant père ou mère sans moyens d'existence auraient 1,500 fr. de traitement, les célibataires 1,200 fr., et 1,500 s'ils ont leur père ou leur mère à leur charge; il en serait de même pour les prêtres qui y seraient attachés. Le directeur aurait 1,800 fr., et 2,000 s'il avait la charge dont je viens de parler.

Les vacances de cette école seraient d'un mois et demi; un jour par semaine (le dimanche) les enfants pourraient recevoir la visite de leurs parents. — Un prêtre (au besoin plusieurs) serait attaché à l'école cantonale : il donnerait l'instruction religieuse, mais le thème de ses instructions serait choisi par lui de concert avec le directeur de l'école.

Les professeurs auraient pour mission spéciale de recueillir les faits qui pourraient déjà donner une idée du caractère et de l'aptitude de chaque enfant ; ces renseignements seraient adressés au recteur de l'école d'arrondissement, dans laquelle l'enfant, qui alors aurait dix ans, entrerait au sortir de l'école cantonale.

Je n'ai pas besoin de dire qu'il y aurait des enfants qu'il serait parfaitement inutile d'envoyer à l'école d'arrondissement, ou qui même ne recevraient pas d'autre instruction que celle donnée par l'école communale : les idiots, par exemple. Un premier triage (toutefois très-restreint par sa nature même) se ferait donc dans l'école cantonale, ensuite de la décision de tous les professeurs, réunis en conseil d'examen sous la présidence de l'inspecteur cantonal ayant le directeur pour vice-président.

L'école d'arrondissement serait établie au chef-lieu d'arrondissement ; y entrerait tout enfant qui, par son intelligence, serait susceptible de recevoir une instruction plus étendue que celle de l'école cantonale ; elle serait dirigée par un recteur et divisée en plusieurs classes : de mathématiques, d'histoire, de littérature, de musique, de peinture, etc., auxquelles seraient attachés des professeurs en nombre suffisant, de manière à ce que chacun pût utilement s'occuper des élèves qui lui seraient confiés.

Dans l'école d'arrondissement seraient rassemblés, autant que possible, les plus importantes des professions manuelles, les professions dont dérivent un grand nombre d'autres, l'ébénisterie, par exemple, ainsi que toutes les sciences dites libérales. Quant aux professions industrielles, celles se *pratiquant* au chef-lieu d'arrondissement pourraient suppléer, lors de la formation de ces écoles, en attendant qu'elles pussent être complétement organisées, à l'absence des ateliers que l'on n'aurait pu encore établir dans l'école même; en ce qui concerne les sciences, l'enseignement donné par les professeurs y pourvoirait.

L'enseignement serait, pour le degré, celui donné dans nos lycées actuels; l'enfant y resterait cinq ans; des examens semestriels, faits par les professeurs réunis en conseils d'examen, décideraient de la continuation ou de la cessation de l'enseignement professionnel ou scientifique de l'élève, soit parce que son instruction professionnelle serait achevée, soit parce qu'on voudrait le faire entrer dans une autre voie que celle suivie jusqu'au jour de ces examens. Dans le cas où l'enfant destiné à être un ouvrier aurait donné des signes évidents de sa préférence pour tel ou tel métier, il serait immédiatement placé dans un atelier de cette profession, afin d'y achever son apprentissage. Quand l'aptitude de l'enfant pour un art quelconque se serait bien prononcée, et si l'école d'arrondissement ne pouvait (par suite du degré d'instruction par elle donné) parachever son instruction quant à ce, il serait envoyé dans des écoles *spéciales* dont je parlerai bientôt.

Une ferme-école serait attachée à chaque école d'arrondissement.

Les vacances seraient de deux mois. Les enfants trouvés ou orphelins pourraient être envoyés, pour passer ces vacances, dans les autres écoles d'arrondissement du même département, afin qu'ils pussent jouir de la distraction du changement de résidence ; il en serait de même dans les écoles cantonales.

Je crois avoir, quoique très-succinctement, donné une idée de ce nouvel enseignement *par aptitudes ;* l'on doit m'avoir compris, lors même que beaucoup de points devraient recevoir des développements dans lesquels le manque de temps ne me permet pas d'entrer ; puis je dois veiller à ne pas trop fatiguer la bienveillance et l'attention de mes lecteurs, car, sur ce sujet comme sur ceux qui suivront, il me reste tant à dire !

L'enfant sortirait donc de l'école d'arrondissement soit pour achever son apprentissage industriel, soit pour se livrer à l'art pour lequel il aurait terminé ses études, et qu'aurait pu lui donner tout entier l'enseignement de cette école (dans ce cas, il y resterait le temps jugé nécessaire par le conseil d'examen), soit, enfin, pour entrer dans l'école spéciale que réclamerait la nature de son aptitude et y achever son instruction. Ces écoles spéciales seraient organisées dans le genre de l'école polytechnique, par exemple ; seulement, on n'y enseignerait qu'une science ; ainsi, il y aurait une école militaire, une école de déclamation et de chant, comme au Conservatoire actuel, une école de génie civil, de génie militaire, etc. Là, chaque intelligence (qui aurait déjà reçu dans les précédentes écoles l'instruction indispensable en dehors de son aptitude spéciale) se nourrirait alors, et pendant tout le temps nécessaire, de la science vers laquelle cette aptitude l'attire.

Les professeurs des écoles spéciales auraient 3,000 fr. de traitement, les directeurs 3,500, et ils recevraient une indemnité de 400 fr. s'ils avaient à nourrir leur père ou mère.

Une commission d'examen formée de professeurs et de membres de l'Institut de France déciderait de la cessation des études des élèves des écoles spéciales.

Les professeurs seraient choisis, pour les diverses écoles, au concours ; ce concours aurait lieu devant une commission du conseil supérieur de l'enseignement dans le département de la Seine ; dans les autres départements, devant un conseil formé par les professeurs des écoles d'arrondissement.

Un conseil supérieur de l'enseignement serait créé ; il serait composé :

Des directeurs des écoles spéciales ;

De quatre membres du conseil d'état élus par lui ;

De six membres du pouvoir législatif élus par lui ;

De quatre ecclésiastiques présentés par le concile des évêques et agréés par le ministre de l'instruction publique ;

De deux ministres protestants nommés par le consistoire général ;

D'un membre de la confession d'Augsbourg ;

Du rabbin ;

De quatre membres de l'Institut de France nommés par le ministre ;

Enfin, du ministre et de son sous-secrétaire d'état, faisant fonctions de président et vice-président.

Tout ce qui serait d'intérêt général relatif à l'enseignement serait soumis à ce conseil, dont les décisions, quelles qu'elles soient, devraient être soumises à l'approbation du pouvoir exécutif, et contre-signées par le ministre, qui ferait insérer au *Moniteur* de la République les motifs de la décision et la décision elle-même.

Pour subvenir aux frais des écoles de canton, d'arrondissement et spéciales, à construire ou à acquérir, il serait levé, pour une année seulement, un impôt de 3 fr. par tête; et il serait perçu pendant cinq ans, pour venir encore en aide au budget de l'instruction publique, 5 centimes par franc sur les cotes foncières et mobilières dépassant 20 fr.

Des impôts somptuaires définitifs seraient ensuite établis et auraient la même destination.

Le plan que je viens d'exposer est si complet, quoique par la nature du sujet et mon peu d'expérience il doive s'y trouver bien des choses défectueuses, qu'il paraîtra certainement au premier abord impraticable ou vicieux; cependant, qu'on veuille bien y réfléchir, et peut-être changera-t-on de manière de voir. D'avance, je vais tâcher de répondre aux reproches que l'on peut lui faire; je ferai ressortir en même temps quelques-unes de ses conséquences. Je sais bien peu pour semblable travail, mais l'on me pardonnera d'entreprendre si grande tâche en faveur de l'intention.

Le reproche peut-être le plus sérieux que l'on puisse faire au plan que l'on vient de lire est celui-ci: c'est que les parents n'auraient pas la liberté de faire élever leurs enfants comme ils l'entendraient; que, par suite, l'autorité du père de famille et la famille elle-même seraient pour ainsi dire supprimées.

Ce que je viens de dire se divise en deux questions parfaitement distinctes. A la première, je répondrai que l'enfant, que le citoyen appartient avant tout à l'état, ce qu'ont déjà dit avant moi bien des intelligences que je n'ai pas la prétention d'égaler, et que personne, je crois, ne récusera. D'ailleurs, je suis certain que l'on n'encourrait pas l'anathème du père de famille parce que, les études professionnelles de son enfant achevées, vous le lui rendriez, avant l'âge de 20 ans, capable non-seulement de se suffire, mais encore de soutenir d'une manière efficace ses parents, puisque l'état qu'il pratiquerait serait celui de son aptitude, et que, par conséquent, il serait vraiment un bon ouvrier. Ensuite, croit-on aussi que le père de famille cordonnier, par exemple, ne serait pas très-heureux de voir la société faire de son fils un peintre remarquable ou un excellent magistrat, je suppose, quand, avec le système actuel, il peut tout au plus espérer d'en faire un bon artisan? Non, non, le père de famille bénirait au contraire la main qui le rendrait ainsi heureux d'un bonheur sûr, puisqu'il serait *hypothéqué* sur l'intelligence sans cesse *productive* de son enfant !

Il est vrai que le riche serait exposé à voir son enfant n'être que ce que son intelligence veut qu'il soit, un menuisier, un cultivateur peut-être ; mais il trouverait bien aussi quelque compensation à son orgueil froissé dans l'assurance que son fils sera tout-à-fait à l'abri du besoin, et que, quels que soient les malheurs lui supprimant tout ou partie de sa fortune, il peut mourir sachant que son enfant a *son pain à la main*.... Au moins nous ne verrions plus un nombre infini d'avocats, d'administrateurs, de prêtres, etc., etc., être inutiles, et qui plus est même, être cause de bien des maux parce que la nature les avait créés pour qu'ils fussent des serruriers, des charrons ou des gantiers. En un mot, CHACUN SERAIT A SA PLACE.

En présence de tels résultats, je le répète, je suis induit forcément à croire que l'abandon de son initiative en matière d'enseignement ne coûterait pas beaucoup, ou pas du tout, au père de famille.

Répondons maintenant à la deuxième question, à savoir : que la famille serait supprimée.

Eh ! mon Dieu, non ! Je suis autant, et peut-être plus que qui que ce soit, partisan de la conservation de la famille ; aussi me contenterai-je de faire remarquer que les vacances pour l'école cantonale seraient d'un mois et demi ; qu'en outre, les enfants pourraient recevoir le dimanche la visite de leurs parents, ce qui serait facile à ces derniers, la distance des communes au chef-lieu de canton n'étant pas généralement très-grande. Les vacances de l'école d'arrondissement seraient de deux mois, celles des écoles spéciales d'autant. L'enfant ne perdrait donc pas de vue sa famille, à laquelle il appartiendrait de nouveau, et presque *en toute propriété*, lorsque ses études professionnelles ou autres seraient achevées.

D'ailleurs, que se passe-t-il maintenant dans nos lycées pour les internes ? Le lycée de Grenoble, entre autres exemples, possède des élèves qui sont de départements autres que celui de l'Isère; leurs parents ont donc fait *volontairement* le sacrifice de la vue de leur enfant pendant près de onze mois. Et cela pourquoi? parce que, probablement, ils ont pensé que leur enfant apprendrait mieux ou serait plus confortablement dans le lycée de Grenoble que dans tout autre. N'en est-il pas de même encore pour les élèves des Ecoles Polytechnique, Militaire, Saint-Cyr, ainsi que pour l'Ecole Navale de Brest, etc., etc.? Il est des parents qui ne revoient leurs enfants que tous les deux ou trois ans, parce que les règlements des écoles dans lesquelles ils sont placés ou des circonstances personnelles leur en font un devoir.— Pourquoi donc voudrait-on que ce que les parents font maintenant volontairement, dans l'intérêt de leurs enfants, pour n'obtenir pourtant le plus souvent qu'un étrange et incomplet résultat, ils ne le fassent pas avec plus d'empressement, de bonheur même, étant sûrs que cette privation momentanée produira les plus heureux fruits pour les uns comme pour les autres?

Enfin, l'éloignement des enfants de leurs parents serait profitable à ces derniers, car, pour me servir encore d'un terme populaire, les parents, pour la plupart, *gâtent* leurs enfants, et moi-même tout le premier, si j'en avais, ne me sentirais-je peut-être pas assez de force pour les morigéner toutes les fois qu'ils le mériteraient. Je ne répéterai donc pas les remarques si spirituelles et si vraies de M. Victor Hennequin à ce sujet lors du cours de fouriérisme qu'il faisait à Grenoble; que chaque père, et surtout que chaque mère s'interroge:

la réponse qu'ils se feront sera concluante.

C'est assez sur cette question. Abordons-en une autre.

On dira : Vous *garnirez* bien l'intelligence de l'enfant, mais comment lui donnerez-vous l'*instruction du cœur ?*

Je pourrais répondre que l'on fera alors, sous ce rapport, ce que l'on fait maintenant ; mais comme la question est sérieuse, que la réponse le soit aussi.

Pour suppléer aux soins, à l'amour de la mère, des femmes seraient, autant que possible, adjointes aux écoles cantonales et d'arrondissement ; on comprend tout de suite quelles seraient leurs fonctions : elles ne remplaceraient certainement pas tout à fait *la mère*, mais, par leurs soins, leur affection presque maternelle, elles deviendraient pour l'enfant comme une seconde mère qui lui ferait garder précieusement le souvenir de la première. Il y a tant d'amour humanitaire dans la femme, même pour ce qui n'est pas sorti de son sein, que l'on peut être assuré qu'elle remplirait tout entière la sainte tâche qui lui serait confiée. Puis, dans son rôle de dévouement et d'amour, ne serait-elle pas secondée par un vrai prêtre ?

Quant aux dépenses que l'enseignement, tel que je l'ai dit, occasionnerait, elles seraient, et au delà je crois, couvertes par les recettes dont j'ai déjà parlé. On pourrait, d'ailleurs, utiliser un grand nombre des bâtiments actuels, en leur faisant subir une appropriation qui ne serait pas très-dispendieuse.

Je ne m'appesantis pas davantage sur les objections que l'on peut faire au plan d'enseignement qui précède ; j'ai hâte de faire ressortir quelques-uns des résultats de sa mise en pratique, outre celui, assez important déjà, que *chacun serait à sa place*, et qu'ainsi la société nouvelle ne serait pas couverte de ces plantes parasites qui pullulent sur la nôtre et l'empêchent de rien faire de grand, car une demi-instruction ne peut faire les choses, quelles qu'elles soient, qu'à demi.

La première des conséquences dont je veux parler serait la suppression de l'armée.

En effet, peu d'aptitudes seraient exclusivement militaires ; presque tous les Français ont bien de la bravoure, mais ce n'est là pour eux qu'une chose accessoire, qui ne trouve son emploi qu'à de rares intervalles, et pour un temps ordinairement très-court dans la vie humaine. Il faudrait donc changer la constitution militaire de la France, et voici, en quelques mots, comment je l'entendrais :

Un noyau d'armée destiné à recevoir les aptitudes purement militaires ; c'est l'élever beaucoup que d'en porter le chiffre à 40,000 hommes. Ces troupes feraient le service de police que fait maintenant la gendarmerie ; disons en passant qu'elles ne deviendraient certainement pas un instrument de police politique occulte, comme le pouvoir actuel a fait de la gendarmerie française, car le caractère du *soldat-né* est loyal, chevaleresque et aime les grandes choses.

Tout électeur, depuis dix-huit jusqu'à cinquante ans, serait soldat. Cette masse d'hommes serait divisée en trois bans ; dans le cas de guerre, les hommes de dix-huit à trente-deux ans formeraient l'armée active ; ceux de trente-deux à quarante seraient formés en réserve active devant passer au besoin les frontières , et ceux de quarante à cinquante seraient chargés de défendre l'intérieur. — Ou suivrait pour la France les règlements militaires de la Suisse ou des Etats-Unis ; chaque citoyen passerait six mois dans une école militaire établie au chef-lieu, afin d'y apprendre le maniement des armes ; dans toutes les localités, des exercices mensuels, des revues trimestrielles auraient lieu. Les services d'ambulances, de manutention, d'équipages de pont, de parcs d'artillerie, du génie, etc., etc., seraient tenus toujours prêts à tout événement; et dans le cas où une conflagration aurait lieu, on pourrait mettre sur pied, en quinze jours, non pas une armée de 500, de 600,000 hommes, mais, au besoin, de 3, 4, 5 millions de Français, prêts à repousser toute tentative insensée !

Je dis insensée : il faudrait l'être, en effet ; pour venir se heurter contre une tel nombre de braves. En supposant que l'Europe tout entière même se fût coalisée contre nous, elle y regarderait à deux fois avant de se livrer aux hasards d'une pareille lutte ! Aussi que de guerres évitées ! Qui sait ? peut-être enfin le mot *guerre*, ce mot qui signifie pour le philanthrope *boucherie humaine,* pourrait-il être entièrement et à jamais supprimé de la langue des nations !

De la suppression de l'armée résulterait par conséquent la suppression d'un budget de 450 à 500 millions, que l'on pourrait employer à des choses certainement plus utiles que la conservation d'une armée que, depuis longtemps, on fait servir à tenir en échec une population ouvrière désireuse d'un juste bien-être qu'on lui refuse, et qu'il faudra pourtant bien lui donner quelque jour !

L'enseignement par aptitudes aurait aussi pour conséquence de faire de la Fraternité et de l'Egalité autre chose que des mots dont se servent impunément les hommes qui s'opposent à la marche du progrès humanitaire. En effet, le rapprochement forcé qui aurait lieu entre l'enfant du pauvre et celui du riche, leur cohabitation égalitaire, leurs jeux, leurs études : tout, en un mot, tendrait à faire d'eux des amis, des frères.

Et du suffrage universel, que ne pourrait-on alors espérer? Maintenant, à peine si un dixième des électeurs vote en connaissance de cause, soit parce que nous entrons seulement dans l'exercice de nos droits politiques, soit parce que l'instruction des degrés supérieurs est le monopole des classes favorisées de la fortune. Aussi que sort-il de l'urne électorale? en grande partie des représentants politiques seulement, et encore quelle politique est la leur !

Enfin, *la guerre des places*, l'antagonisme malheureux qui existe entre les classes, cesseraient forcément, car il n'y aurait, à proprement parler, qu'une seule classe, et il n'y aurait plus qu'un seul intérêt : l'UTILITÉ....

Il n'y aurait plus d'autre aristocratie possible que celle de l'INTELLIGENCE...!

—

L'instruction donnée aux femmes serait la même pour toutes : cet enseignement comprendrait la lecture, l'écriture, la grammaire, l'arithmétique, l'histoire, la couture, la broderie, la musique.

Ces diverses connaissances seraient rassemblées dans une même école établie dans chaque commune seulement ; les filles y entreraient à huit ans et en sortiraient à treize.

Bien des considérations seraient à faire valoir pour et contre l'enseignement des femmes ainsi que je viens de le tracer ; mais le temps, le temps....!!

Peut-être, moi, pauvre ignorant, trouverais-je en mon âme assez d'éloquence pour dire ce qu'est maintenant la femme, et pour montrer ce qu'elle pourrait être, car la femme est-elle vraiment ELLE ? Que ceux qui n'ont pas observé observent ; que ceux qui n'ont pas lu l'ouvrage de cœur de M. Legouvé le lisent : que pourrais-je dire après lui ?

Je répéterai donc en terminant ce que j'ai dit à la fin de la lettre sur le clergé : il y a certainement des choses défectueuses dans le projet d'enseignement général que l'on vient de lire, mais je le crois praticable, et ce qui peut paraître vicieux en théorie serait bien vite corrigé par la pratique. La *volonté* rend possibles tant de choses !

DE L'ASSOCIATION.

L'ASSOCIATION est la seule planche de salut de la société moderne.

C'est le vaisseau sur lequel pourront prendre passage *tous* les hommes, sans qu'ils puissent éprouver jamais aucune crainte de naufrage.

C'est le seul remède complet et souverain que l'on puisse mettre sur le paupérisme, sur la concurrence illimitée et sur les révolutions, les trois plus grands maux engendrés par l'inharmonie de la société actuelle.

C'est le lien fraternel au moyen duquel les hommes ne formeront qu'un faisceau, indestructible dès qu'il sera formé.

C'est presque le règne de Dieu sur la terre.

L'association, en un mot, c'est la *Fraternité!*

Mais, hélas! tous en parlent, et bien peu la comprennent!

Les uns la veulent communiste comme celle qui s'élabore en ce moment dans le Nouveau-Monde sous la direction de M. Cabet.

D'autres voudraient une association semblable aux assurances mutuelles sur la vie, qui sont facultatives.

D'autres encore, suivant en cela la doctrine

de Fourier, expliquée par M. Considérant et d'autres intelligents disciples, prêchent une association industrielle et agricole où le talent serait plus rémunéré que le travail, et le travail plus que le capital.

Il en est qui, s'inspirant de M. Louis Blanc et du système prêché au Luxembourg, voudraient une association industrielle avec égalité des salaires.

D'autres, enfin, ne voudraient pas aller au delà d'une association dans le genre des sociétés de secours mutuels de Grenoble, avec membres titulaires et membres honoraires.

Chacun de ces modes d'association a des adeptes plus ou moins nombreux, tous convaincus, à en juger par la ténacité honorable avec laquelle ils préconisent le système qu'ils préfèrent et cherchent à le faire prédominer exclusivement sur les autres.

De là vient la division fatale qui existe malheureusement entre les hommes de progrès, division qui fait seule la force des partis réactionnaires, partis qui, quoique ayant chacun un drapeau bien distinct et ennemi, savent s'unir pour essayer d'opposer une digue au fleuve régénérateur de l'idée, auquel, malgré tant d'obstacles, viennent déjà s'abreuver un si grand nombre d'intelligences!

N'y aurait-il donc pas moyen de faire cesser cette division? N'y arriverait-on pas, par exemple, au moyen d'un Congrès socialiste composé de tous les chefs d'école, où chacun, après avoir exposé ses idées fondamentales et faisant franchement le sacrifice de son individualité, se rattacherait au plan choisi par tous? — C'est impossible, dira-t-on.... Quoi de plus facile cependant, si, comme j'aime à le croire, chacun d'eux n'a pour mobile que le bonheur de la France? Et quelle sûreté, quelle force invincible serait donnée au progrès humanitaire, si l'impulsion partait de l'unanimité de ces intelligences d'élite, telles que Considérant, Proudhon, Pierre Leroux, Louis Blanc, etc.! Mais, au lieu de s'unir, ces réformateurs s'entre-déchirent, se disjoignent; aussi le Passé s'établit-il sans peine, presque sans combattre, dans le vide qu'ils laissent entre eux et, ne trouvant devant lui que le même peuple auquel il a déjà escamoté la révolution de 1830, se met-il en devoir d'escamoter tout à fait celle de Février!

Que l'on me pardonne cette digression à propos d'une idée de fusion qui aurait d'immenses résultats, si jamais elle avait lieu.

Avant d'entrer dans le développement que nécessitera l'association que je crois possible, qu'il me soit permis de dire quelques mots d'appréciation de chacune des combinaisons dont j'ai parlé plus haut.

Le communisme, quelle que soit sa nuance, qu'il soit icarien ou autre, est admirable comme idée de fraternité : c'est la solidarité fraternelle dans ce qu'elle a de plus étendu, de plus sublime même; mais, si nous allons de la théorie à la pratique, je le crois impossible; car le communisme, telle est du moins ma pensée intime, n'est pas autre chose que l'annihilation de l'individualité, et cette annihilation, possible seulement dans certaines circonstances, ne peut jamais être assez constante pour qu'elle soit de tous les instants, de tous les jours, de toute la vie. Le communisme, pour être praticable, aurait besoin de ces caractères qui se ré-

signent à toute chose, bonne ou mauvaise, par
défaut d'intelligence, ou bien de ces caractères
d'apôtres dégagés de la terre, ne vivant que
pour l'humanité, et qui, peu désireux de rien
posséder en propre, donnent même ce qu'ils
peuvent avoir à plus pauvre qu'eux, ne deman-
dant à la société, en échange de leur pensée et de
leur travail, rien de plus que la possibilité de
ne pas mourir de faim! Il faut, pour l'association communiste, des caractères sans autre
passion que celle de l'amour du prochain, sans
égoïsme, et combien en trouve-t-on ainsi dans
la société actuelle? Certes, ce sont là des dia-
mants tellement rares qu'à peine en trouve-t-on
un au milieu de cailloux innombrables! Puis on
ne pourra *jamais* effacer l'idée du *tien* et du
mien; on peut le faire pour quelques individus
(les couvents en sont un exemple), mais, pour
une nation tout entière, c'est radicalement impossible. Dans ma pensée donc, l'association
communiste est impossible parce qu'elle exige
ou des hommes parfaits ou des êtres tout à fait
inintelligents; ce n'est pas à dire, toutefois,
que je place tous les communistes dans cette dernière catégorie : j'en connais dont l'intelligence
est grande, mais ils n'en sont encore qu'à la théorie; vienne la pratique, et ils se verraient au-
dessous de leur tâche....

L'association dans le genre des assurances
mutuelles sur la vie ne donnerait qu'un demi-
résultat, parce qu'elle ne serait accessible qu'à
ceux possédant une certaine fortune, et que,
d'ailleurs, elle serait facultative. Il faut une
association entre l'universalité des citoyens et
non entre une partie seulement. A quoi bon
vouloir appliquer un palliatif là où il faut une

solution complète, et surtout lorsqu'elle est praticable ?

L'association fouriériste est infiniment logique et produirait le plus grand bien si elle était possible dès à présent ; tout en elle s'enchaîne, se lie, sans qu'un anneau de la chaîne heurte l'autre ; c'est un *tout* complet. C'est là son plus bel éloge ; mais, en même temps, je le dis à regret, c'est peut-être là son tort, car elle n'est praticable que dans son entier : on ne peut rien en distraire sans être obligé de renoncer à mettre en pratique la partie que l'on voudrait en détacher. C'est le cas de répéter le vieil axiôme : *Tout ou rien.* — Nous ne sommes pas mûrs encore pour un aussi beau rêve ; et comme le présent devient tous les jours plus cruel pour l'immense majorité des hommes, il faut faire ce qui est possible maintenant, afin de pouvoir préparer en paix pour l'avenir une plus grande somme de bien-être et de bonheur...

L'association industrielle avec égalité des salaires, si elle n'est pas impossible de fait, est du moins absurde ; elle aurait les plus désastreux résultats, soit pour le caractère de l'ouvrier, soit pour le travail qui sortirait de ses mains. En effet, l'ouvrier habile et consciencieux qui élève son métier jusqu'à la hauteur de l'art trouverait souverainement injuste de recevoir le même salaire que celui donné à l'ouvrier qui, soit par défaut d'intelligence, soit par inconduite, ne sera, pour me servir du terme prolétaire, qu'*une machine.* Il n'y aurait plus alors d'émulation, d'amour-propre ; l'ouvrier-artiste se découragerait, il travaillerait avec dégoût ; par suite, il produirait moins qu'auparavant et ferait moins bien. Je suis ouvrier, je parle donc

en connaissance de cause : dans l'atelier où je
suis, il y a inégalité dans les salaires ; chacun
est payé dans la mesure de son talent ; eh bien !
je suis convaincu que celui qui gagne 3 fr. 50 c.
par jour ne travaillerait pas plus que celui qui
ne gagne que 2 fr. 50 c. du jour où ils auraient
le même salaire ; et si vous demandiez au premier pourquoi il ne travaille plus comme auparavant, il vous répondrait aussitôt, soyez-
en sûrs : *J'en fais tout autant que les autres....*
Et il aurait raison.

Louis Blanc était donc dans la plus profonde
erreur, il ignorait tout à fait ce qu'est la *classe
ouvrière* quand il a émis l'idée d'une pareille
association. Il aurait mieux fait de rester l'his-
torien remarquable que nous avait révélé
l'*Histoire de Dix ans :* il n'eût pas alors fourni
l'arme du ridicule aux ennemis de tout progrès,
de celui qui est possible comme de celui qui ne
l'est pas. Malgré son cœur généreux, son amour
pour le peuple,—amour que je crois sincère,—
et son intelligence hors ligne, Louis Blanc a fait
bien du mal au véritable socialisme. Quant à
moi, je reconnais avec plaisir ses bonnes intentions en faveur de notre *classe,* je lui en sais
vraiment gré pour ma part ; mais l'intention,
je le vois à présent, ne suffit pas toujours pour
faire le bien du peuple : il faut encore le *savoir*
que donne l'expérience de la misère....

L'association de Clichy, à Paris, est une
preuve à l'appui de ce que je viens de dire. Sous
l'influence de Louis Blanc et des doctrines du
Luxembourg, 1,500 ouvriers tailleurs s'étaient
associés, et tous recevaient le même salaire ;
mais, ayant reconnu les mauvais effets de ce
mode, ils travaillent maintenant à pièces,

comme devant. Cet exemple, je le crois, juge souverainement l'association industrielle avec égalité des salaires.

Je ne parlerai pas ici de quelques autres idées d'association que la Révolution de Février a fait éclore, car ces idées n'ont eu aucun écho et ne pourraient, en effet, soutenir une discussion quelque peu sérieuse. Passons donc au dernier des modes d'association que j'ai énumérés, mode que je crois être le plus rationnel et le seul praticable avec la génération actuelle.

En effet, ceux qui veulent une association semblable aux sociétés de secours mutuels se rapprochent le plus de ce qu'il y a à faire; seulement, ils ont tort de se borner au bien qu'elles produisent et de ne rien voir au delà. Ces sociétés sont précisément la base de mon système; c'est par leur moyen que l'on peut arriver, et ce *tout de suite* si l'on veut, à cette association-générale que l'on cherche bien loin et qui pourtant est bien près !

Je vais donc, sans plus tarder, dérouler le plan de cette association.

Les réceptions, dans les sociétés de secours mutuels, sont facultatives; aussi, dans les localités où il en est établi, elles sont loin d'englober la totalité des habitants, si ce n'est à Grenoble, où un grand nombre d'ouvriers en fait partie; déjà le bien qu'elles produisent est immense, mais il pourrait l'être bien davantage; voici comment :

Il faudrait qu'une loi rendît l'association OBLIGATOIRE.

Chaque *commune rurale* serait divisée en deux associations, l'une formée par les hommes, l'autre par les femmes ; ces associations comprendraient indistinctement TOUS les habitants, *riches et pauvres*.

Tous seraient titulaires.

La cotisation mensuelle, pour les hommes, serait de 75 c., pour les femmes, de 50 centimes; le prix de réception varierait suivant l'âge, mais il ne pourrait être moindre de 5 francs ni excéder 20 fr. pour les hommes; il serait de 3 fr. au *minimum* pour les femmes et de 12 fr. au *maximum*. — Les dons ou versements extraordinaires seraient reçus.

La maladie, le chômage, la vieillesse, recevraient les secours qui leur seraient nécessaires.

L'intérêt de l'association étant d'avoir à sa charge le moins possible d'ouvriers ou ouvrières sans travail, un bureau de placement serait établi dans chaque association, bureau où viendraient s'inscrire les membres sans travail, où ceux qui auraient besoin de travailleurs s'adresseraient pour avoir les personnes qui leur seraient nécessaires.

Toutes les fonctions seraient gratuites; il y aurait deux conseils dans les sociétés d'hommes : — l'un, appelé *général*, serait formé du conseil municipal et aurait pour principale attribution le placement des ouvriers sans travail; l'autre, élu par la société aux époques qu'elle fixerait elle-même, l'administrerait directement.

Dans le cas où une *commune rurale* aurait une population mâle dépassant 600 âmes, la société serait subdivisée afin d'en rendre l'administration plus facile; chaque subdivision aurait pour président un des vice-présidents de la société générale (qui, alors, aurait autant de vice-présidents — plus un — qu'il y aurait de subdivisions, et un bureau d'administration, bureau qui serait nommé par la subdivision qu'il serait appelé à régir.

Les sociétés se réuniraient en assemblées générales quatre fois par an, et par subdivisions dans les communes où aucun local ne serait suffisant pour la société tout entière.

Les élections auraient lieu pour deux ans ; dans le cas où, par suite de changement de domicile ou de décès, une vacance dans les conseils surviendrait, le conseil de la société y pourvoirait jusqu'à la prochaine réunion en assemblée générale.

Dans le cas où un sociétaire abandonnerait une résidence pour une autre, il serait de droit membre de la société du lieu où il se fixerait pour au moins six mois.

Le président de la société serait élu par elle-même ; en aucun cas, ce ne pourrait être le maire.

Je dois faire remarquer que si le pouvoir gouvernemental n'avait pas la faculté de destituer, de révoquer les maires, ces fonctionnaires pourraient parfaitement être en même temps les présidents des sociétés, ce qui serait même plus simple et plus rationnel.

Jusqu'à présent, je n'ai parlé que de l'association des communes rurales. Voici comment seraient celles des villes.

Dès qu'une commune cesserait d'avoir une population essentiellement agricole et qu'elle serait une agglomération de plusieurs industries, chaque corps de métiers formerait une association particulière ; cependant, si le nombre d'ouvriers de même état ne dépassait pas quarante, cette fraction se réunirait à d'autres

formées par les personnes exerçant les arts libéraux, tels que peintres, professeurs, etc.,
etc., et cette réunion composerait une société
d'*arts et métiers* qui se relierait aux autres de
la manière que je vais dire. Les ecclésiastiques
feraient partie de cette société et jouiraient des
mêmes avantages que les autres sociétaires. Si
une seule société d'arts et métiers était trop
nombreuse, il en serait formé deux.

Dans chacune des sociétés particulières, il y
aurait un bureau de placement, comme je l'ai
dit plus haut, ainsi qu'un conseil général et un
conseil d'administration proprement dit. Le
conseil général ferait les fonctions des conseils
de prud'hommes actuels, avec des attributions
plus étendues ; ce serait un vrai tribunal de
paix devant lequel seraient portées et résolues
à l'amiable les contestations qui pourraient
s'élever sur les conditions du travail ; le conseil général ferait, en outre, un tarif
unitaire pour les patrons et les ouvriers
du corps de métiers qu'il régit ; ce tarif fixerait
aussi le prix des travaux pour les patrons.

De cette disposition ressort forcément l'abo-
lition complète de cette concurrence ruineuse
que se font les patrons, et dont le petit capita-
liste est toujours la victime, lors même qu'il
ferait mieux et serait plus consciencieux ; concurrence qui, par ricochet, atteint en même
temps l'ouvrier, car le patron qui est obligé de
faire à bas prix ne peut, sans guerroyer à ses
dépens, donner à ses ouvriers un prix raisonnable du travail qui lui a été confié. La concurrence seule du *bien-faire* resterait ; en effet, les
prix étant les mêmes pour Pierre que pour
Paul, si Paul fait mieux que Pierre c'est chez

Paul que l'on ira préférablement, et ce serait justice ; puis le *travail* et le bien-être du patron et de l'ouvrier y gagneraient immensément.

Je n'ai pas besoin, je crois, d'entrer dans plus de développements pour faire ressortir les conséquences de cette dernière mesure ; ces conséquences sont *palpables*.

Revenons aux associations des villes.

Les sociétés particulières réunies (dans les villes de moins de 30,000 âmes), nommeraient tous les trois ans un conseil spécial, composé d'un président, d'un vice-président, de deux trésoriers, d'un secrétaire de comptabilité, d'un archiviste-secrétaire et de huit conseillers. Ce conseil aurait l'administration d'une caisse spéciale de *retraites* qu'alimenterait les excédants de recettes sur les dépenses de chacune des caisses particulières, ainsi que les subventions que l'état accorde maintenant aux bureaux de charité, *dont l'inutilité serait alors complète,* et dont les biens seraient acquis à la caisse de retraites.

Tous les excédants de recettes sur les dépenses, quels qu'ils fussent, seraient versés tous les trois mois, lors des règlements de comptes des sociétés, à la caisse de retraites ; il pourrait arriver cependant que les dépenses d'un trimestre fussent plus élevées que les recettes : ce serait alors à la caisse générale à venir au secours de la caisse particulière ; mais je crois devoir faire remarquer que cette dernière étant déchargée des pensions à faire aux vieillards et aux incurables, il n'y aurait pas lieu de craindre souvent un déficit, à moins qu'il n'y eût une épidémie, comme le choléra, etc.

Je ne puis préciser dès à présent, on le comprend de reste, le montant de la pension de retraite ; cependant, je suis convaincu qu'elle serait suffisante pour parer honorablement à tous les besoins. Les intérêts de la caisse générale seraient répartis au marc le franc entre les ayants-droit ; ceux-ci profiteraient des chances de mortalité qui pourraient survenir, c'est-à-dire que s'il y avait vingt pensionnés recevant chacun 500 francs, je suppose, et que deux des pensionnés vinssent à mourir sans qu'ils fussent remplacés, les 1,000 francs disponibles seraient reportés sur les dix-huit survivants jusqu'à ce qu'ils fussent en plus grand nombre.

Dans les grandes villes (comme Paris, Lyon, Bordeaux, Marseille, Rouen, etc.), il y aurait, par chaque quartier, une société générale formée des sociétés particulières. Le même système d'administration serait suivi pour les autres villes ayant plus de 30,000 âmes.

Les associations de femmes seraient régies absolument de la même manière.

Le versement mensuel serait de 1 fr. 25 c. pour les hommes, de 1 fr. pour les femmes ; — le prix de réception varierait suivant l'âge, mais, pour les hommes, il ne pourrait être moindre de 10 fr. ni excéder 30 fr. ; — pour les femmes, il serait de 5 fr. au *minimum* et de 20 fr. au *maximum*, aussi suivant l'âge.

Les dons ou versements extraordinaires pourraient être reçus par les sociétés particulières, de la part des membres qui les composeraient.

La caisse générale pourrait recevoir des legs et dons entre-vifs.

Chaque année, un compte-rendu de la situation de toutes les sociétés serait imprimé, remis aux membres des diverses sociétés et affiché.

Tel est, sommairement, le plan de l'association telle que je la crois praticable, dès à présent, sans révolution, sans secousse politique. Il suffit, pour sa mise en pratique, d'un mot prononcé par un pouvoir vraiment républicain: JE LE VEUX......

Deux objections seules peuvent être faites à ce plan : 1° qu'il n'y aurait plus liberté dès l'instant que l'on serait *forcé* d'entrer dans l'association ; 2° que *tous* en faisant partie, les libérés, les repris de justice même en seraient.

Je vais répondre à ces deux objections en quelques mots, car j'ai aussi à dire ce à quoi cette association pourrait encore servir.

Il n'y aura plus liberté, dira-t-on, dès que vous forcerez la France tout entière à s'associer. — D'abord, il n'est pas bien sûr qu'elle ne le voudrait pas ; jusqu'à preuve contraire, on peut bien croire qu'au lieu d'*obéir* à contre-cœur, elle accueillerait avec empressement le décret qui réglementerait cette association : elle accepte avec assez de bonhomie et de facilité une infinité de lois dont l'utilité est très-contestable, pour qu'il soit permis d'espérer qu'elle comprendrait le mérite de celle-là. Cependant, prenons le pis-aller : admettons qu'il y aura opposition ; par qui cette opposition serait-elle faite ? Serait-ce par la majorité de la nation ? mais cette majorité est formée par les ouvriers des villes et des campagnes, et il y a cent contre un à parier qu'ils ne s'y refuseraient pas ; et s'il arrivait que, ne comprenant rien à leurs intérêts, ils la repoussaient, pourquoi le pouvoir n'aurait-il pas, pour faire le bien, la même énergie, la même puissance que pour faire le mal? Pourquoi ne dirait-on pas au peuple : *Je*

veux que tu sois heureux, puisqu'il est permis
de lui dire par des actes (car les actes parlent) :
Je veux que tu restes malheureux? Puis, enfin,
qu'on me pardonne cette étrangeté : n'est-il pas
du devoir d'un homme en voyant un autre suivre, sans s'en apercevoir, une voie qui le con-
duit à un abîme, de l'en éloigner, fût-ce de
force, et de le mettre dans une route meilleure
et plus sûre ? Quand vous voyez un homme
rester dans sa misère parce qu'il ignore les
moyens d'en sortir, n'est-ce pas aussi de votre devoir, si vous connaissez ces moyens, de
les lui faire connaître et de l'obliger en quelque sorte à s'en servir ?

Quand on laisse à l'aveugle la *liberté* de marcher toujours sans guide, il lui arrive malheur
un jour ou l'autre....

D'ailleurs, notre initiative individuelle ne
heurte-t-elle pas à chaque instant, pour ainsi
dire, une loi sociale, et notre liberté, lorsqu'elle
se trouve en désaccord avec cette loi, n'est-
t-elle pas forcée de céder ? Puisque la liberté
absolue est incompatible avec toute société ré-
gulièrement établie, faisons que le sacrifice
nous profite au lieu de nous nuire... Nous
avons maintenant l'*anarchie* sans pour cela
être libres, contentons-nous de la même somme
de liberté pour avoir l'*harmonie !*

Le peuple ne connaît pas maintenant assez
ses droits et ses devoirs pour que l'initiative de
son bonheur moral et matériel vienne de lui-
même ; dans l'état actuel de son intelligence et
de sa situation, il ne peut être l'instrument complet de son propre bonheur.... Il est donc du
devoir (je le répète avec une conviction entière)
de tous les hommes qui comprennent, de lui

montrer, de lui imposer au besoin ce qui peut améliorer son sort et le rendre moins cruel !— *Tout pour le peuple,* DÛT-ON AGIR MALGRÉ LUI !

N'arrive-t-il pas tous les jours que l'on donne aux malades des remèdes qui leur répugnent, et qu'on les force à prendre dans l'intérêt de leur guérison ?

Si la Convention avait demandé à la France son avis sur ce qu'il y avait à faire pour repousser du sol français Clairfayt, Yorck et Brunswick, un temps précieux aurait été perdu en discussions oiseuses. Elle décréta l'expulsion des soutiens de l'émigration française ; cette expulsion eut lieu, et la France fut sauvée !

Si Napoléon n'avait pas usé de l'absolutisme impérial pour *forcer* la France à accepter le Code civil, quel gâchis serait peut-être encore notre législation !

Je pourrais multiplier ces exemples ; mais à quoi bon ? Puisque l'Assemblée législative est souveraine, pourquoi ne le serait-elle pas aussi bien pour décréter l'association générale que pour imposer un état de siége indéfini ?

Le peuple maudirait d'abord peut-être ; mais il bénirait ensuite et à toujours !

Si l'on agissait autrement dans l'époque présente, vraiment la liberté ne serait pas autre chose que la liberté de subsister laissée au mal !

Cessons donc de nous occuper de cette argutie, et passons à la deuxième objection.

Si l'association comprenait tous les habitants, les libérés, les repris de justice, etc., en feraient donc partie ?

Non. Pourquoi ne formerait-on pas des colonies agricoles destinées à recevoir, à l'expiration de leur peine (ou même avant si leur

conduite en prison le permettait), les condamnés
pour délits ou crimes contre les personnes ou
les propriétés ? Pourquoi même ne réforme-
rait-on pas la législation criminelle en ce sens
que les juges pourraient condamner un accusé
à passer quelques années dans ces colonies
agricoles ? Au moins, là, les condamnés seraient
vraiment utiles, au lieu de nuire aux ouvriers
de l'industrie par la concurrence qu'ils leur font
pendant leur détention. Si l'on me répond que
dans bien des localités cette concurrence n'existe
pas, je demanderai encore s'il ne vaudrait pas
mieux cent fois que les condamnés fussent oc-
cupés, par exemple, à fertiliser le delta du
Rhône, une partie des landes de Bordeaux, les
terres incultes et marécageuses de la Sologne
et de la Champagne, etc., et surtout l'Algérie, que de se gangréner de plus en plus, les
uns les autres, dans une oisiveté et une cohabitation dangereuses de toute manière ?

Et si l'on m'objecte que l'on serait forcé
d'avoir de grandes forces militaires pour con-
tenir, par la terreur, cette agglomération agricole de gens capables de se porter à tous les
excès, je répondrai que l'on fait bien, en ce moment, servir quatre cent mille baïonnettes fran-
çaises à comprimer les manifestations pacifiques
de citoyens qui, certes, n'ont commis ni crimes
ni délits, à moins cependant que ce ne soit un
crime, aux yeux de certains hommes, d'aspirer
à un meilleur état social que celui dans lequel
nous avons le bonheur de vivre ?

D'ailleurs, ces forces militaires n'auraient pas
besoin d'être aussi considérables qu'on pourrait
le croire : la statistique de la population des
prisons vient à l'appui de mon assertion ; et y

occupât-on même quinze ou vingt mille hommes,
ce qui est un chiffre exorbitant, quelles difficultés ce nombre pourrait-il soulever ? Ce service
ne donnerait pas plus de peine aux troupes, peut-
être moins, que celle attachée aux garnisons de
Paris et de Lyon, par exemple, villes où elles
ont à faire un service des plus regrettables et
des plus fatigants.

Je suis donc induit à dire avec conviction
qu'au moyen des *exutoires* agricoles dont je
viens de parler, les personnes atteintes par la
justice humaine ne feraient pas partie de l'association générale dont j'ai donné le plan. D'ailleurs, pour en finir, y a-t-il justice à ne pas vouloir réhabiliter, au moyen d'un travail utile et
de sa réintégration entière dans la société, le
condamné qui a subi la peine attachée à son
méfait ? N'est-ce pas un cruel et irréligieux
préjugé, que celui qui consiste à ne pas laisser
à l'homme qui a failli les moyens de se relever
de sa chute, et à lui fermer à jamais les portes
de la société *honnête ?* Il en est qui ont failli
pour cause de misère, pour se dévouer peut-être,
et vous ne donnez à ceux-là, comme aux véritables criminels, qu'un éternel mépris ! Ce préjugé devrait enfin disparaître comme, disons-le
en passant, celui qui s'attache à ces pauvres
filles qui ne refusent rien à personne, car dans
cet abandon qui les avilit selon le monde, on
trouverait peut-être et souvent bien de la grandeur, si de l'effet l'on remontait à la cause !

Faisons trève à ces réflexions, et disons quelques-unes des conséquences qu'une association
générale pourrait entraîner.

Avant tout, ce serait la mise en pratique de
l'un des trois mots du symbole politique et so-

cial de la France. La Fraternité pourrait enfin passer dans le domaine des faits.

Il y aurait aussi Egalité, car les uns n'auraient pas plus de prérogatives que les autres ; tous auraient les mêmes droits, les mêmes devoirs.

L'ORGANISATION DU TRAVAIL serait trouvée. Quant à moi, j'ai mûrement réfléchi à toute autre manière de l'organiser, je ne l'ai pas su voir ailleurs. Il est facile de le comprendre : *tous ayant intérêt à ce que tous travaillent,* on se dirait : « Nous sommes tant d'ouvriers « de cet état ; au lieu que les uns travaillent 12, « 13, 14 heures par jour pendant que d'autres « se promènent, répartissons ce travail en un « nombre d'heures égal pour tous. A cela, « nous aurons plusieurs avantages : 1º Nous « ne serons pas obligés, nous qui travaillons, « de nourrir ceux qui ne font rien parce que « nous faisons trop ; 2º nos journées seront « moins fatigantes ; 3º nous pourrons rester « plus longtemps dans notre famille ; 4º con- « sacrer à la lecture, à nos relations d'amitié, « à la promenade, quelque peu de temps. D'ail- « leurs, notre avenir est assuré ; loin d'être « exposés à mourir de faim ou à entrer dans un « hospice, deux choses peu agréables, nous « aurons une subsistance honorable quand « nous serons vieux. Si nous travaillions sou- « vent plus que nos forces, c'est que nous pen- « sions à l'avenir, sans cependant pouvoir le « rendre moins terrible. A quoi bon mainte- « nant...? » — On le voit donc, LE TRAVAIL SE- RAIT ORGANISÉ PAR L'ASSOCIATION DE TOUS....

Enfin, les sociétés particulières par corps d'état pourraient échanger leurs produits au moyen d'un papier-monnaie qui aurait vraiment de la valeur, puisqu'il pourrait être garanti par les produits des membres de l'association. Ainsi, supposons que l'association des ébénistes se compose de cent membres ; la société émet pour 2,000 fr. de papier-monnaie qu'elle distribue à ses membres en échange de produits qui, réunis, forment la même valeur : voilà donc déjà les 2,000 fr. de papier-monnaie garantis par la même somme de produits. Supposons encore que l'association des cordonniers en fasse autant : quoi de plus facile alors que l'échange des produits de ces deux sociétés au moyen de leur papier-monnaie, si cet échange est convenu entre elles deux ? Et si nous généralisons ce moyen, quoi de plus facile encore que des échanges sur une plus grande échelle que ceux d'individu à individu ? Il suffit seulement de la convention de cet échange entre les diverses associations, non pas seulement d'une ville, mais entre celles de toute la France, pour qu'il soit praticable.... Si cela avait lieu, que deviendraient l'usure, l'agiotage, l'exploitation de l'homme par l'homme au moyen de l'argent?

Et si cette association générale était combinée, ce qui est très-possible encore, avec l'établissement de banques d'arrondissement, succursales de celles de l'état, que de résultats heureux elle pourrait encore produire ! — Ainsi, rien ne s'opposerait à ce que ces banques ouvrissent un crédit (limité aux besoins et à la production), à chacune des sociétés particulières, qui, comme corps, pourraient elles-mêmes vendre les produits de chacun de leurs membres et faire le commerce en grand.—Les choses se simplifieraient même étrangement

pour les rapports commerciaux des banques
avec les particuliers; car alors, au lieu d'avoir
affaire, comme maintenant, à une infinité d'individus sur qui il faut prendre des renseignements, à qui il faut demander des garanties
territoriales si l'emprunteur est cultivateur,
des garanties d'endossement s'il est industriel,
les banques pourraient être en rapport seulement avec les présidents des sociétés, et l'on
comprend que les demandes de garanties seraient parfaitement inutiles, puisque les associations particulières tout entières, *et comme
corps, et comme individus*, seraient cette *garantie*, que la banque la plus scrupuleuse ne
pourrait même mettre en doute,

Mais toutes ces conséquences de l'association
ne viendraient qu'en leur temps et peu à peu,
pour ainsi dire : on ne peut, du jour au lende-
main, transformer entièrement une société vi-
ciée comme l'est la nôtre ; pour marcher sûrement et afin de ne plus être exposé à une re-
culade, il faut marcher lentement, mais sans
jamais s'arrêter ; il faut surtout bien savoir où
l'on va poser le pied pour ne pas le laisser retomber sur un abîme ! Commençons par vouloir ce qui est immédiatement praticable, et
lorsque nous *tiendrons* une chose, nous pourrons alors nous occuper d'en conquérir une
autre ; et, de conquêtes en conquêtes pacifiques, nous arriverons plus vîte qu'on ne peut
le croire à entrer dans un état social aussi har-
monique qu'il peut l'être sur la terre !

Ouvriers, mes frères, il dépend de vous, de
vous seuls, que vous soyez plus heureux dans
l'avenir que dans le passé et le présent ; vous
êtes vous-mêmes les arbitres de votre destinée ;

il ne vous faut que vouloir. De grâce, cessons de nous jalouser, de nous diviser, de nous combattre ; abdiquons ces haines d'états à états, d'ateliers à ateliers, d'individus à individus ; marchons en un seul corps invincible à la conquête pacifique de notre émancipation morale et matérielle par l'ASSOCIATION. Ce sera un avenir de travail encore, mais non plus de ce travail atrophiant par sa longue durée, insuffisant par la modicité générale du salaire ; de ce travail que la moindre commotion fait vîte disparaître et qui revient lentement ; de ce travail qui nous met à la merci du capital et nous rend les serfs de l'industrie et de l'agriculture ; de ce travail qui n'a qu'un hospice, ou la mendicité, ou le suicide, à donner à nos vieux jours ; de ce travail féminin si peu rétribué, qui FORCE le plus souvent la fille du peuple à choisir entre la *honte* (pour parler comme le monde) et les privations continuelles ; de ce travail, en un mot, qui ne nous fait pas *vivre*, mais *végéter* !!!

On vous a dit bien souvent : *L'union fait la force;* moi j'ajouterai : *Notre union fera notre bonheur !*

Et surtout, — je ne saurais trop le redire, — réfléchissons, réfléchissons sans cesse à tout ce qui nous touche ; ne laissons pas à d'autres le soin de nous donner une conviction ; n'acceptons jamais que sous bénéfice d'inventaire les pensées et les actes de ceux qui sont hostiles au progrès comme de ceux que nous croyons en être les plus ardents promoteurs. Cette manière de faire nous apprendra à connaître nos amis ainsi que nos ennemis politiques et sociaux ; ces derniers sont assez nombreux, ils ont assez de puissance pour que ce ne soit pas trop , pour vaincre pacifiquement leur résistance, de l'union de toutes nos volontés et de toutes nos intelligences !

DE LA RÉPARTITION DE L'IMPÔT.

La répartition actuelle de l'impôt est inique.

Le pauvre paie autant, plus même que le riche, toute proportion gardée.

Ainsi, le cultivateur qui ne possède que deux hectares de terre voit ses deux hectares imposés de la même manière que deux des cinquante, par exemple, que possède le riche. Est-ce de la justice ?

Les rares et étroites ouvertures de la chaumière sont taxées aussi de la même manière que les *jours* nombreux et de dimension suffisante de la maison du propriétaire aisé. Est-ce de la justice ?

Le propriétaire qui possède seulement un logement d'une, deux ou trois pièces, ne voit non plus aucune différence entre son imposition et celle du riche qui possède un vaste appartement et une ou plusieurs maisons. Est-ce aussi de la justice ?

Les objets de première nécessité, et destinés plus particulièrement à la nourriture du pauvre, sont imposés dans une proportion plus forte que les denrées de luxe. Est-ce encore de la justice ?

Pour tout dire en un mot, et pour terminer ces comparaisons que je pourrais rendre bien plus nombreuses, le riche ne paie pas en raison de sa fortune, et le pauvre paie, en réalité, comme s'il ne l'était pas.

Cet état de choses pouvait être bon sous un régime de droit divin ou de droit constitutionnel; mais, sous une République *(la chose de tous)*, cette iniquité peut-elle être conservée? Je ne le crois pas; et, cependant, le pouvoir républicain ne se préoccupe guère de la faire cesser. Il est vrai que beaucoup de gens, mal-intentionnés peut-être, disent que nous ne sommes pas en République, ce que je suis tout disposé à croire en voyant au pouvoir les hommes de toutes les monarchies et de tous les monopoles..... C'est vraiment un bien curieux pays que la France!

Pour établir l'égalité en matière d'impôt, les uns ont parlé d'*impôt progressif,* les autres d'*impôt proportionnel.*

Je crois ce dernier mode meilleur que le premier:

1º Parce qu'on ne peut pas dire qu'il soit spoliateur;

2º Parce qu'il est vraiment praticable;

3º Parce qu'emportant avec lui le sentiment complet de toute justice, on ne pourrait lui faire une opposition raisonnable et raisonnée, et qu'il serait plus en harmonie avec la société actuelle.

L'exagération en quoi que ce soit ne vaut jamais rien; l'impôt progressif *tel qu'on l'a mis en avant* est, à mon sens, l'exagération de la justice; ceux qui le préconisent se préoccupent sûrement plus d'une *revanche à prendre* sur les hommes de priviléges que de toute autre chose. Je m'explique : on voudrait, au moyen d'un impôt progressif aussi *sévère* que celui dont on a parlé, faire rendre gorge à tous les riches qui, depuis si longtemps, pouvant payer le *plus*, ne payaient que le *moins*; on veut qu'à leur tour ils subissent les conséquences *inverses* du système d'imposition qu'ils ont fait peser sur les classes pauvres; on veut, enfin, les punir par où ils ont péché, c'est-à-dire que n'aimant rien tant que l'argent, ils doivent subir le supplice de se voir enlever une grande partie de leur revenu pour augmenter celui de l'état.

Je crois que c'est là la pensée fondamentale des socialistes qui veulent l'impôt progressif. Eh bien! tout en n'en condamnant pas d'une manière absolue la justice au point de vue de la *récupération*, selon moi cette pensée n'a ni fraternité, ni grandeur.....

Elle n'est pas fraternelle, parce qu'elle tend à faire plus large encore la ligne de démarcation qui existe entre les riches et les pauvres, et, par suite, à les rendre de plus en plus ennemis;

Elle n'a pas de grandeur, parce que la vengeance est toujours condamnable. Si l'individu grandit quand il pardonne, quand le pardon est celui d'un peuple cet acte est sublime !

Mais il faut cependant que le pardon d'un peuple soit en même temps de la justice, sinon ce serait de la faiblesse et de la sottise.

C'est pour cette raison qu'en matière d'impôt je suis partisan de l'impôt proportionnel, mais progressif tout à la fois, c'est-à-dire que chacun paie en raison de ce qu'il possède.

Ainsi, je voudrais que l'impôt foncier ne fût perçu que sur ceux ayant plus de quatre hectares, et que ceux possédant moins n'eussent à payer qu'une cote personnelle de 3 fr. par tête.

Je voudrais qu'à partir de quatre hectares, chaque hectare de terrain de 1re classe eût à payer :

Le 5e..........	5 f.
6e..........	8
7e..........	11
8e..........	14
9e..........	17
10e..........	20
11e..........	23
12e..........	25 (1)

et ainsi de suite, jusqu'à 15 hectares, chiffre au-dessus duquel chaque hectare paierait 5 fr.; à 20 hectares, 8 fr.; à 30 et au-dessus, 10 fr.

Le mode actuel de classement des terrains serait maintenu ; l'impôt serait diminué de moitié pour les terres de 3e classe, et d'un tiers pour celles de 2e classe.

Quant à la cote mobilière, les loyers au-dessous de 120 fr. n'en paieraient pas.

Les maisons *possédées* et occupées par les cultivateurs ayant en propre moins de quatre hectares ne paieraient qu'une contribution générale de 5 fr. Les propriétaires des maisons occupées par les premiers à titre de locataires paieraient comme si elles étaient occupées par ces derniers.

La propriété en numéraire et en portefeuille ne paierait l'impôt qu'à partir de 6,000 fr. Au-

(1) Celui qui aurait douze hectares paierait donc 123 francs.

dessus de ce chiffre, chaque 1,000 f. serait ainsi
taxé :

7,000 fr......	3 fr.
8,000........	5
9,000........	7
10,000........	9
11,000........	11
12,000........	13

et ainsi de suite ; de manière, par exemple, que
celui qui posséderait 12,000 fr. paierait 48 fr.
pour cette somme. Au-dessus de 50,000 fr., la
proportion augmenterait de 50 c.; à 100,000 fr.,
cette proportion serait de 1 fr.

On pourrait, afin que cette disposition ne fût
pas éludée, rendre obligatoire la déclaration
au percepteur de la commune des billets por-
tant valeurs, de tous les actes, en un mot,
pouvant servir à constater la fortune des citoyens. Cette constatation est moins difficile
qu'elle ne paraît au premier abord, quoiqu'elle
le soit cependant, et si le temps et d'autres motifs ne me forçaient à abréger, j'entrerais dans
le développement de quelques-uns des moyens
que l'on pourrait employer afin que le capital
n'échappe plus à un impôt bien plus juste que
ceux supportés par les propriétés foncière et
mobilière.

Quant à la cote personnelle, les ouvriers
à livret paieraient 1 fr., et (sauf pour le cultivateur ne possédant que quatre hectares, qui
paierait 3 fr.) elle serait uniformément, pour
toutes les autres têtes, de 1 fr. 50 c.

L'impôt sur le vin serait aboli ; on conserverait toutefois celui établi sur les boissons
alcooliques, et les vins de luxe paieraient un

droit ayant pour base le prix commercial de chaque qualité de vin.

La viande de boucherie ne paierait aucun droit ; on taxerait seulement les comestibles *de luxe*, tels que volaille, marée, etc., etc.

On établirait un impôt somptuaire, comme celui existant en Angleterre, sur les chiens, les chevaux, les voitures, etc.

Enfin, et pour en terminer, on ferait payer l'impôt à chacun EN PROPORTION DE SA FORTUNE.

Je crois en avoir assez dit, quant à ce, pour que ma pensée soit comprise. Ce système d'impôt repose sur la justice ; comme on a pu le voir déjà par les articles précédents, elle est et sera toujours mon guide et mon point de départ.

DU CRÉDIT FONCIER.

Très-peu compétent en matière de finances,
je ne puis qu'appuyer de ma faible voix l'idée
de l'établissement d'un crédit foncier au moyen
de banques départementales, succursales d'une
banque générale établie à Paris, en prenant
pour modèle la banque de France, *qui devrait
appartenir à l'état*, afin que le CRÉDIT fût in-
ébranlablement établi par les garanties mêmes
qu'un pays comme la France présente en ri-
chesse et en stabilité.

Bien de bonnes choses ont été dites et écrites
sur l'établissement du crédit foncier; je citerai,
entre autres, une publication qu'a fait M. Jul-
hiet, maire de Domène, il y a quelques mois.
Si quelques-uns des plans proposés étaient mis
à exécution, il en résulterait certainement
quelque bien; cependant, je crois que l'on
pourrait en produire davantage en établissant
une succursale de la banque de l'état dans
chaque arrondissement. A cela plusieurs avantages : facilités plus grandes pour ces succursales pour prendre des renseignements sur les
emprunteurs ; déplacements moins considérables et moins coûteux pour ceux-ci ; proximité

plus grande des associations industrielles qui pourraient être établies au chef-lieu d'arrondissement, etc., etc. Les banques de l'état ne devraient pas borner leur action aux prêts à faire à la propriété foncière, mais elles devraient aussi pouvoir ouvrir un crédit aux associations industrielles; l'intérêt devrait être le même pour tous les emprunteurs : trois et demi pour cent; trois pour cent pour le prêt, et un demi pour les frais de gérance.

Quant aux dispositions à prendre pour leur organisation et leur marche, je trouve dans les numéros des 12 et 17 août 1848 du *Patriote des Alpes* un plan de comptoir hypothécaire dont je ne connais pas l'auteur. Ce plan me semblerait, je crois, le meilleur à suivre. En voici les principales dispositions :

« Les billets hypothécaires seraient confectionnés à Paris; ils seraient uniformes pour toute la France. Ces billets seraient destinés à avoir cours forcé et serviraient à alimenter les comptoirs d'arrondissement.

« Les comptoirs prêteraient sur hypothèque et fourniraient en billets le montant des emprunts.

« Une disposition législative prescrirait l'accomplissement de formalités spéciales, au moyen desquelles la position hypothécaire de l'emprunteur serait complétement mise à jour.

« Les propriétés ou garanties de ce dernier seraient estimées par deux experts auxquels serait adjoint le juge de paix du canton.

« Une commission de censure serait établie auprès de chaque comptoir.... Cette commission prononcerait, après rapport d'experts, sur l'admission ou le rejet des demandes.

« Aucun prêt ne pourrait excéder le tiers de la valeur totale des terres ou des produits hypothéqués.

« Le principe de l'amortissement serait admis pour la libération des emprunteurs, et ils devraient jouir du bénéfice de la capitalisation des intérêts produits par les à-comptes payés. En conséquence, au moment de l'opération, l'emprunt serait réglé tout de suite en *titres d'annuités*, et la libération s'opérerait par le retrait de chacun de ces titres à son échéance.

« L'état serait garant du paiement de tous les billets mis en circulation.

« Chaque comptoir serait autorisé à recevoir des dépôts à 3 p. 0/0, en billets ou en argent.

« Tout porteur de billets aurait le droit de venir à volonté demander au comptoir la cession d'une créance hypothécaire en échange desdits billets. Dans ce cas, le papier remis par le porteur serait annulé et resterait annexé à l'acte de cession. »

Non-seulement je me déclare avec empressement pour le principe de l'établissement d'un crédit foncier ainsi organisé, ou même autrement, mais encore je dis que si jamais chose fut utile c'est bien celle-là. Lorsque ma pensée se reporte sur la situation plus que précaire de ceux qui fertilisent la terre et pratiquent le premier des arts ; lorsque je regarde leurs habitations malsaines et insuffisantes ; lorsque je pense à cette journée de travail qui commence avant le jour et ne finit pas toujours avec lui ; lorsque, surtout, je vois ces pauvres manœuvres de la campagne qui, pour 50 ou 75 centimes au plus, font un travail des plus fatigants, je ne puis m'empêcher de m'écrier qu'il y a encore des hommes plus malheureux que les ouvriers de l'industrie, et que ces hommes sont les ouvriers de la campagne....

Ce n'était pas encore assez, à ce qu'il paraît, des peines qu'ils éprouvent à faire fructifier la terre : il fallait encore que l'agiotage et l'usure vinssent quelquefois leur enlever les trois quarts de leurs sueurs ! Et c'est dans une société *civilisée* qu'un tel brigandage existe presque impunément ! Et cette société, punissant de la prison le malheureux qui vole quelquefois par nécessité, laisse impuni, que dis-je ! elle autorise le *commerce* de celui qui dispose de capitaux et qui, par leur moyen, pressure impitoyablement celui qui en a besoin ! Et cette société, que certains trouvent *admirable*, permet que l'on prenne 6, 7, 8, 9 p. 0/0 d'intérêt, souvent bien plus, au cultivateur à qui sa terre ne rapporte que le 2 1/2, le 3, rarement le 4 p. 0/0 ! J'ignore quel nom on a déjà pu donner à cette *exploitation :* quant à moi, je la regarde comme *le vol en grand légalement organisé*....

Mais ce n'est pas seulement l'intérêt qu'il paie au banquier qui ruine l'agriculteur, dans chaque village, il est rare qu'il ne se trouve pas un ou plusieurs capitalistes prêtant à gros intérêts au cultivateur qui, soit pour *arrondir* sa propriété, soit pour toute autre cause, a besoin de fonds. Dieu sait l'intérêt qu'il paie ! Outre l'intérêt légal, que de fois les prescriptions de la loi sont éludées subrepticement par les contre-lettres, les ventes à réméré, les *arrhes*, les pots de vin, en nature ou en argent, donnés de la main à la main, soit à celui qui a mis en rapport le prêteur et l'emprunteur, soit au prêteur lui-même ! De plus aussi, il faut avoir de la *reconnaissance* pour celui même qui vous ruine, et cette reconnaissance se traduira fréquemment en primeurs de la saison, en volailles, en complaisances agricoles ou autres qui prennent du temps à l'*obligé*; et si celui-ci ne peut payer les intérêts aux époques fixées, pour attendrir le prêteur et le faire patienter on lui fera de nouveau cadeau de quelque chose dont on aurait pu tirer bon parti! Puis encore, le cultivateur, qui voit approcher l'échéance sans pouvoir faire face au paiement qu'il a à faire, vendra à la hâte quelques denrées, s'il lui en reste, fût-ce même à perte, car s'il a affaire à un prêteur plus rapace que les autres, il voit l'expropriation forcée peser sur sa tête, épée bien plus terrible encore que celle de Damoclès, car celle-là ne menaçait qu'un homme, tandis que l'expropriation peut jeter sur la grande route ou dans la domesticité toute une famille!! Et comme il arrive rarement que le cultivateur peut payer l'intérêt aux époques fixées, *les intérêts des intérêts* viennent augmenter le capital de telle façon que souvent, très-souvent, le remboursement de ce capital ne peut être fait, et le cultivateur reste ainsi toute sa vie avec ce cancer qui ronge incessamment le produit de son travail; plus le temps marche, plus sa dette s'augmente; et s'il veut enfin s'en débarrasser, il faut qu'il se saigne aux quatre veines et qu'il vende bien plus que ce qu'il a voulu acquérir, vente qui aura lieu peut-être dans un moment où la propriété foncière subira une forte dépréciation!

Que l'on compte impartialement, et l'on verra si le vol n'est pas *légalement organisé!*

Voilà une des faces de la société, si bien

coordonnée, au dire des exploiteurs, qu'il ne faut pas porter sur elle une main qui serait sa- crilége.....

Bénis soient au contraire ceux qui feront crouler ce monstrueux édifice, et qui élèveront à la place la Justice et l'Humanité!

DU POUVOIR CENTRAL EXÉCUTIF.

Depuis soixante ans, la France a essayé d'un grand nombre de gouvernements, et cependant, malgré ces diverses expériences, elle ne possède pas encore un pouvoir *non personnel* et qui soit vraiment le gouvernement de la nation.

Cela tient un peu à la mobilité de notre caractère, et beaucoup aux intrigants et ambitieux de toute sorte, qui sont la plaie saignante de la France.

Il s'est toujours trouvé des hommes mettant la satisfaction de leur intérêt personnel au-dessus de l'intérêt général. De même, il y a toujours eu des hommes dont tout le bonheur et le talent consistent à dénaturer la Vérité pour profiter des bénéfices de l'Erreur.

Notre époque surtout foisonne d'hommes de cette trempe ; ils forment une phalange qui, quoique divisée parfois par les exigences individuelles des divers drapeaux qui flottent dans ses rangs, ne sait pas moins bien s'unir pour défendre du bec et de l'ongle les monopoles dont elle a vécu et dont elle veut toujours vivre ; cette phalange de l'Egoïsme comprend qu'elle a en face d'elle le Progrès, ennemi qu'elle n'a pu arrêter encore malgré tout ce qu'elle a pu faire jusqu'ici. Aussi, depuis Février, les hommes qui la composent font-ils usage de toutes armes afin de n'être pas débordés à jamais ; tout leur est bon pour essayer de vaincre, tout ; mais la Calomnie est leur arme la plus redoutable et la plus employée ; quand ils ne peuvent trouver à mordre sur la conduite politique de leurs adversaires, ils scalpellent leur vie privée; s'ils n'y trouvent rien encore, ils inventent : ils savent que la calomnie laisse toujours quelque trace de sa bave sur l'homme le plus vertueux, sur la réputation la plus pure ; ils n'ignorent pas qu'ils mentent ; mais pour faire taire les reproches de leur conscience, qui doit se réveiller cependant quelquefois, ils se répètent cet axiôme fameux : *La fin justifie les moyens*....... Vains efforts ! La lumière se fait, les intelligences s'éclairent, le peuple commence à comprendre, et bientôt c'en sera fait de cette monstrueuse tour de Babel que l'on ose appeler la Civilisation !!

Directoire, Consulat, Empire, Royauté de droit divin, Royauté constitutionnelle, République présidentielle, tout cela n'est pour le parti de la résistance et les *satisfaits* des précédents régimes que des mots derrière lesquels ils se retranchent pour exploiter moralement et matériellement, non quelques hommes, non tout un peuple, mais le monde entier ! Des *honneurs*, de l'*argent*, du pouvoir, voilà quel a toujours été le but de ces hommes. Périsse la France plutôt que leur domination !! Domination nécessaire, domination sainte d'après eux, car ne sont-ils pas les défenseurs de la religion , de la famille , de la propriété... ?

Les défenseurs de la religion ! Eux, les adorateurs du veau d'or, les voltairiens hypocrites de la Restauration et du gouvernement de juillet !

Les défenseurs de la famille ! Eux qui profitent de la misère de la fille du peuple pour la faire servir à leurs plaisirs, en échange de quelque peu d'argent ! Eux qui jettent sur elle un brillant passager pour la laisser plus tard , et lorsqu'ils n'en veulent plus, retomber dans une misère plus grande encore qu'auparavant, puisque nos préjugés ne lui accordent plus ce respect qui s'attache à toute pauvreté honnête ! Eux, les acteurs de l'orgie de Grandvaux ! Eux qui soutiennent quand même une *civilisation* dans laquelle une fille se prostitue pour sa famille, une mère pour ses enfants !!

Les défenseurs de la propriété ! Eux qui prennent les sueurs du paysan au moyen de l'impôt foncier, des banques et de l'usure ! Eux qui , par l'exploitation de l'ouvrier , trouvent le moyen de vivre avec luxe, tandis que l'exploité n'a pas toujours le nécessaire ! Eux qui, parce qu'ils peuvent disposer de grands capitaux , ruinent les petits commerçants en leur faisant une déloyale et insoutenable concurrence !

Et ces hommes osent se dire les défenseurs de la religion, de la famille, de la propriété ! Oh ! disons plutôt avec raison qu'ils en sont les destructeurs !

Pour repousser tout progrès, quel qu'il soit, le parti de la résistance crie par-dessus les toits que les socialistes veulent obtenir à la fois toutes les réformes; que l'on ne peut refaire ainsi en un jour toute une société; qu'il faut attendre. En cela ils mentent encore...

Certes, il y a dans nos rangs des impatients, des esprits volcaniques qui dépasseraient le but et compromettraient la sainte cause du Progrès si on les laissait faire ; mais ce ne sont là que de très-rares exceptions ; toute armée a ses enfants-perdus, tout parti a ses faux-frères. Les adeptes du socialisme, ceux qui veulent le bonheur *pour tous* au moyen de l'ASSOCIATION, sont les véritables et seuls défenseurs de tout ce qu'il y a de respectable et de saint dans l'œuvre des hommes ; ils savent, de plus, que ce n'est pas en un jour qu'ils pourront remplacer la vieille société par une nouvelle ; que lorsqu'on aura fait un premier pas dans la voie de la régénération sociale, il faudra s'arrêter pour savoir comment on fera le deuxième ; ils savent encore que les révolutions sanglantes impriment rarement une plus grande vitesse au progrès, et que le plus souvent elles ne profitent qu'aux intrigants de tout étage et de tout parti, témoin celle de Février, maintenant livrée aux coryphées des systèmes de 1816 et de 1830, contre qui elle avait été faite....

Il faudrait, pour faire disparaître toute gangrène, que le pouvoir exécutif et le pouvoir législatif ne fissent qu'un, afin d'éviter la diffusion des pouvoirs et les nombreux dangers des gouvernements *personnels*.

Ces dangers, il n'est pas besoin de remonter bien haut pour les trouver : il suffit de se rendre compte de la situation actuelle. Que voyons-nous ?

Un pouvoir législatif souverain de par la volonté populaire ;

Un président élu par le peuple et tenant de

lui un mandat entouré de restrictions par la Constitution de 1848.

Par le seul fait de la mise en présence de ces deux pouvoirs, qui devraient être égaux puisqu'ils émanent de la même source, il y a *antagonisme ou inutilité*, car de deux choses l'une :

Ou le président sera un homme *intelligent*, et il lui coûtera de subir la tutelle d'un pouvoir supérieur, tutelle dont il cherchera à se débarrasser par tous moyens, fût-ce même au risque d'un coup d'état ;

Ou il sera un homme *ordinaire*, et alors à quoi bon compliquer les rouages administratifs d'une machine de plus et grever le budget de l'état d'une liste civile de 1,200,000 fr., que viennent encore augmenter d'autres dépenses soit pour sa personne, soit pour ceux qui l'approchent ?

C'est ensuite des nombreuses et puissantes raisons découlant de ces deux ordres d'idées, que je crois pouvoir dire que le meilleur gouvernement est celui du pouvoir législatif divisé en comités : Comité de la guerre, des finances, de la justice, des cultes, de l'intérieur, etc., etc., ayant chacun président, vice-président, secrétaires, trésoriers.

Chacun de ces fonctionnaires serait responsable de ses actes.

L'Assemblée nationale serait rééligible tous les trois ans, excepté les présidents des comités, qui ne cesseraient leurs fonctions qu'un an après l'ouverture de la nouvelle Assemblée législative, afin que tous les fils de l'administration de l'état ne fussent pas rompus en même temps ; ces présidents continueraient à administrer leurs départements respectifs pendant l'interrègne de l'Assemblée, qui avant de se dissoudre, adjoindrait à chacun d'eux trois de ses membres pour les aider dans l'expédition des affaires, et pour empêcher, au besoin, qu'ils pussent se livrer à des actes coupables. Les membres adjoints, formés en commission, auraient même le droit de les destituer s'ils jugeaient cette destitution nécessaire. Cette commission cesserait ses pouvoirs à l'ouverture de la nouvelle Assemblée.

Les présidents des comités seraient, chaque année, soumis à la réélection par l'Assemblée.

Les représentants recevraient 7,000 fr. de traitement, le président de l'Assemblée 18,000, les secrétaires 9,000, les questeurs 8,000, les présidents des comités 15,000, les deux secrétaires de ces comités 9,000, les trésoriers 9,000. — Quand les uns ou les autres iraient en mission à l'intérieur de la France, ils recevraient une indemnité de 10 fr. par jour; au dehors, de 15 fr.

Le président de l'Assemblée serait élu pour six mois; la force armée serait aux ordres de l'Assemblée, et, par conséquent, de son président, qui donnerait sa signature au président du comité de la guerre pour le mouvement des troupes. Il pourrait être réélu pour six autres mois, mais cette nouvelle élection n'aurait lieu qu'après qu'un intervalle de six mois se serait écoulé entre les deux élections.

Tous les mois, les présidents des comités feraient un rapport sommaire à l'Assemblée sur la situation de leurs départements; ils nommeraient aux fonctions ressortissant de leurs attributions; mais ces nominations ne seraient définitives qu'après avis favorable de leurs comités respectifs.

A ce que je viens de dire bien des avantages de première importance :

D'abord, unité des pouvoirs ;

Point d'antagonisme à craindre, point d'ambition criminelle à surveiller, et, au besoin, à punir ; — impossible pour qui que ce fût de se faire des créatures avec les fonds de l'état ; — simplicité et accélération dans les rouages de l'administration ; — économie notable dans les dépenses ; — etc., etc.

Je n'irai pas plus loin et terminerai ici cet article, déjà bien long. Cependant, et afin que l'on ne puisse prêter à mon langage et à mes idées des intentions de changement immédiat de l'état de choses actuel, je rappellerai que l'art. 111 de la Constitution de 1848 admettant la possibilité de sa révision à une époque déterminée, donne par là même le droit de mettre au jour des idées se rattachant à cette révision lors de l'époque légale.

Il en est des idées comme des fruits de la terre : il faut les semer pour qu'elles germent et fructifient un jour.

DE LA DÉCENTRALISATION ADMINISTRATIVE.

Je crois que tous les partis sont à peu près d'accord sur la nécessité d'une décentralisation administrative.

Tous, plus ou moins, veulent donner à *la commune* le pouvoir intégral de gérer comme elle l'entend ses propres affaires, celles qui ne sont pas d'intérêt général, et supprimer les entraves que la nonchalance bureaucratique et la complication des rouages de la machine administrative apportent à leur prompte expédition.

Il ne m'appartient pas, à moi qui n'ai pu recevoir l'instruction réservée à la fortune et qui n'ai aucune compétence spéciale, de blâmer l'œuvre de la première Constituante ; tout au plus pourrai-je oser trouver dans l'édifice administratif qu'elle a construit quelques défauts, quelques lézardes, qui, cependant, ne diminuent presque rien de la solidité et de la beauté de cet édifice. Il faut, d'ailleurs, faire une large part aux obstacles nombreux et de toute nature qu'elle a rencontrés. A cette époque tourmentée et incandescente, en présence d'un passé monstrueux à détruire, d'un présent impatient à satisfaire le plus tôt possible et à diriger, d'un avenir politique et social tout à la fois à édifier, il fallait *faire* et faire vite. Il n'est donc pas étonnant que, soixante ans écoulés après l'établissement et la disparition de gouvernements de toute sorte, avec d'autres mœurs, sous un gouvernement politique ayant même nom que celui d'alors, mais ne lui ressemblant qu'en cela, il n'est pas étonnant, dis-je, que l'on puisse trouver certaines parties de l'administration civile établie par la première Constituante susceptibles de recevoir des changements que, pour ma part, je crois utiles; on devrait bien plutôt s'étonner de ce que, malgré la dissemblance profonde qui existe entre 1791-1793 et 1850, elle puisse servir encore, et qu'il y ait si peu à retoucher à cette grande œuvre!

C'est qu'à cette époque, si la France avait à procéder à un immense travail de reconstruction, elle avait du moins à sa tête des géants pour le conduire; peut-on en dire autant de la situation présente?

Ainsi qu'une violente éruption épuise le volcan, de même les grandes révolutions épuisent les générations; après elle, et pendant longtemps, tout est nain, hommes et choses.....

Revenons plus spécialement à notre sujet.

Avec le système actuel, la moindre commune, pour toutes choses, est obligée d'en référer au préfet, qui, lui-même, dans beaucoup de cas, est obligé d'avoir l'approbation du ministre; de là des longueurs interminables dans la solution des affaires, soit parce que le préfet ou le ministre n'ont pas de renseignements suffisants et qu'ils en demandent de nouveaux, soit parce que, fonctionnaires politiques plutôt qu'administratifs, ils ont à s'occuper de faire ressortir les INTENTIONS DE BIEN FAIRE du président de la République. — On pourrait remédier à ce grave inconvénient en créant des conseils cantonaux, et en leur donnant pour attribution la gérance des affaires du canton.

Les conseils cantonaux tiendraient une session tous les mois; elle serait de un à cinq jours, selon le nombre des affaires sur lesquelles ils auraient à se prononcer; ces affaires seraient celles qui n'intéresseraient que l'universalité des communes formant un canton; ainsi, le conseil cantonal règlerait le budget de chaque commune, etc., etc.

En cas de conflit entre une commune et le conseil cantonal, le préfet, en conseil de préfecture, instruirait l'affaire et en ferait rapport au conseil général du département, qui prononcerait; il pourrait être appelé de sa décision devant le conseil d'état, qui jugerait en dernier ressort.

Les affaires intéressant l'arrondissement continueraient à être du ressort du préfet, qui déciderait en conseil de préfecture et sans que l'autorisation du ministre fût nécessaire.

Quant aux affaires d'intérêt départemental, le conseil général et le préfet en seraient juges, et, pour celles qui intéresseraient plusieurs départements, le pouvoir central serait appelé à se prononcer.

Le conseil général se réunirait deux fois par an (en juin et en décembre), et chaque session durerait de cinq à douze jours.

Les maires de toutes les communes, villes ou villages, seraient élus par leurs administrés en même temps que les conseillers municipaux.

Cette élection aurait lieu au scrutin de liste ; les électeurs auraient soin de mettre à la suite du nom de celui qu'ils désirent pour maire cette désignation ; de même pour les adjoints.

Les maires et adjoints ne seraient révocables que dans le cas où ils auraient commis quelque crime ou délit pouvant entraîner condamnation à une peine infamante ou correctionnelle. Comme les lois actuelles sont assez élastiques pour permettre de se livrer à certaines choses répréhensibles que l'*opinion publique* seule condamne, l'immoralité, par exemple, sous quelque forme qu'elle se produise, il faudrait que le conseil cantonal eût le droit de suspendre le fonctionnaire communal indigne de sa magistrature ; dans ce cas, le conseil cantonal ferait son rapport au préfet, en lui soumettant une liste de trois candidats parmi lesquels le préfet choisirait provisoirement un remplaçant au fonctionnaire destitué, jusqu'à ce que la commune eût été mise en demeure, par le conseil général, de procéder à l'élection triennale, car les élections aux fonctions de maire, d'adjoint et de conseiller municipal auraient lieu tous les trois ans.

Les convocations des colléges électoraux, pour nommer aux fonctions dont je parle, seraient faites par le conseil général ; les élections pour ce dernier conseil seraient fixées par le pouvoir central exécutif.

Je me résume :

Préfet faisant fonctions de pouvoir exécutif, avec conseil de préfecture.

Conseil général connaissant souverainement de toutes les affaires départementales et faisant procéder aux élections communales.

Conseil cantonal connaissant des affaires générales du canton sans *veto* du préfet; — ayant une session par mois d'un à cinq jours; — pouvant destituer ou suspendre maire ou adjoint, et fournissant au préfet, dans ce cas, une liste de trois candidats parmi lesquels il choisirait un remplaçant provisoire.

Maires nommés par le suffrage universel et révocables seulement par le conseil cantonal.

Extension des attributions des maires et des conseils municipaux.

Point de conseils d'arrondissement, que je crois inutiles à cause de la création des conseils cantonaux.

Tout ce qui ne serait pas purement administratif continuerait à être du ressort du préfet.

Le conseil général nommerait aux fonctions *départementales* autres que celles de préfet, de général commandant le département, d'ingénieur en chef et d'évêque.

Le receveur général serait, comme à présent, nommé par le ministre des finances; seulement, son traitement ne serait plus facultatif : il recevrait 10,000 fr. par an dans les départements de première classe, 7,000 f. dans ceux de deuxième classe et 5,000 fr. dans ceux de troisième classe; la différence entre ces traitements et ceux que les receveurs généraux *se font* aujourd'hui serait acquise au département, qui prendrait à sa solde les employés de recette générale.

Le conseil cantonal nommerait les gardes champêtres des communes du canton; ils ne relèveraient que de lui et du maire de la commune à laquelle ils sont attachés.

L'instituteur serait de droit le secrétaire de la mairie. — Si le système d'enseignement par aptitudes dont j'ai précédemment parlé était mis en pratique, le traitement de l'instituteur resterait le même que celui qu'il recevrait alors, malgré ce surcroît de travail. Si l'enseignement actuel se pratiquait encore, il recevrait 100 fr. en sa qualité de secrétaire de la mairie.

Une des conséquences heureuses de la décentralisation administrative que je viens d'exposer serait la diminution de cette armée de fonctionnaires nommés par le pouvoir, et qui lui servent d'auxiliaires dans ses projets trop souvent anti-nationaux. Le conseil général nommant aux fonctions concernant le service du département, il est à croire qu'il choisirait avec soin, qu'il supprimerait un grand nombre de places qui ne sont que des superfétations, et qu'il y mettrait la plus grande économie; n'ayant pas de services politiques ou occultes à payer, il serait libre de reporter sur l'administration proprement dite du temps et des soins que les pouvoirs qui se sont succédés jusqu'ici étaient obligés de reporter sur autre chose....

Je viens d'esquisser sommairement, et aussi clairement qu'il m'a été possible de le faire, quelques-unes de mes idées sur la décentralisation administrative; quant à la centralisation politique, non-seulement elle doit rester entière, mais s'il était possible de la rendre plus une, plus indivisible, il faudrait le faire.

Un seul reproche peut être fait à la décentralisation administrative : c'est que les liens qui unissent la commune à l'état pourraient se détendre, et que, par suite, l'unité politique se ressentirait de ce relâchement; mais, outre que je ne crois pas ce résultat possible, où serait le mal que le préfet ne pût plus user de ses prérogatives administratives dans l'intérêt personnel de l'individu qui l'a nommé, comme cela s'est trop souvent pratiqué jusqu'ici ? Où serait le mal que la commune pût résoudre immédiatement les questions qui l'intéressent, au lieu d'attendre souvent fort longtemps, du préfet et surtout du ministre, une réponse impatiemment attendue sur des questions d'urgence ? Pourquoi serait-il toujours permis au bon plaisir d'un préfet de révoquer un maire, un adjoint, parce qu'ils ne pensent pas comme lui sur telles ou telles questions politiques ? — Et lors même qu'il y aurait quelque inconvénient à rendre moins gênante la centralisation administrative, n'est-ce pas ici le cas de répéter qu'entre deux inconvénients il faut toujours choisir le moindre ?

On a fait bien des épigrammes contre la justice du temps passé et celle du temps présent; bien de l'esprit a été dépensé en saillies contre l'administration judiciaire, contre cette institution qui devrait être si auguste à cause de son devoir d'impartialité. A quoi ont servi ces saillies, ces épigrammes? ont-elles ébranlé ce vieil édifice, autour duquel s'enroulent tant de plantes parasites? Hélas! non : la justice est restée la même; on peut, plus que jamais peut-être, dire que

Le temple de Thémis est un antre fameux
Où plaideurs et plaidants se chicanent entre eux
Pour savoir si le blanc n'est pas la couleur noire;
Où le meilleur menteur acquiert le plus de gloire;
Où, malgré son bon droit, il faut perdre toujours,
Car aux prêtres du temple il faut avoir recours....

La faute en est-elle toute au personnel? Non, certes : la faute en est principalement à la non-gratuité de la justice. Dès qu'on place l'homme entre son intérêt et son devoir, il arrive le plus souvent que c'est du côté de l'intérêt que la balance penche, et on ne peut s'en étonner quand on pense que la doctrine du *Chacun chez soi*, *chacun pour soi*, a été et est encore notre seule souveraine. Je ne veux pas, toutefois, dire que cette doctrine est devenue aussi celle des *juges* eux-mêmes dans l'exercice de leurs augustes fonctions, car, ayant un traitement assuré et jouissant de l'inamovibilité, ils ne se sont jamais trouvés dans le cas de faire passer leur intérêt propre avant celui de la justice. On ne peut reprocher à ce corps que d'être, à plusieurs époques, descendu dans l'arène des partis et d'y avoir parfois combattu avec partialité pour une cause qui n'était pas toujours la bonne; cependant il est vrai de dire aussi que depuis quelques années, malgré d'assez nombreux procès politiques, la magistrature tend à se renfermer dans son rôle d'impartialité pour tous.

Mais, dans le palais même de la justice, une foule d'abus existent; greffiers, huissiers, avocats, avoués, toutes ces CHARGES sont autant de toiles d'araignées dans lesquelles reste le plus souvent une partie de la fortune du plaideur. Il ne faut pas s'en étonner : c'est une conséquence forcée de notre législation, car elle oblige le plaideur qui soutient un procès, quelque minime qu'il soit, de constituer avoué; de déposer avant le jugement une somme, assez ronde parfois, afin de garantir les dépens; de payer de nombreux droits de greffe et droits d'enregistrement, signification de de jugement; etc., etc., etc. A chaque pas, pour ainsi dire, que l'on fait dans le palais de la justice, il y a quelque chose à payer, quelque chicane à combattre; et comme, grâce à nos innombrables lois et à l'élasticité, à l'obscurité de notre jurisprudence (qui fournit des armes à la fois, dans la même affaire, au *pour* et au *contre*), la connaissance suffisante de la loi est interdite aux personnes autres que celles qui en ont fait une étude toute spéciale, il faut que le plaideur s'en rapporte aveuglément aux conseils et à l'initiative de son avocat et de son avoué, dont l'*intérêt* est contraire à l'éclaircissement immédiat et à une prompte solution du procès dont ils sont chargés. Il en est des avocats comme des prêtres : peu comprennent la beauté de leur mission et l'élèvent à la hauteur d'un apostolat, ce qui, pourtant, devrait être. Je ne me laisserai pas, moi aussi, entraîner à jeter une nouvelle pierre dans le camp du barreau, — il en déjà été trop jeté peut-être, — mais, de bonne foi, cette institution ne pourrait-elle être autre chose que ce qu'elle est? Répondre négativement est impossible.

D'où vient le mal ? Outre la non-gratuité de la justice, il vient surtout du mauvais système d'enseignement, ou plutôt de la liberté d'enseignement.

En effet, il n'est pas de petit rentier, de petit négociant, de fermier, de petit propriétaire, de demi-fortune enfin, qui ne rêve pour son enfant le titre d'avocat, de médecin ou de curé, le premier surtout. On ne recule devant aucun sacrifice, devant aucune gêne pour tenir d'abord l'enfant pendant de longues années au lycée, sur les bancs d'une école de droit ensuite; et lors même que son intelligence se refuse péremptoirement à comprendre et à commenter les Instituts et la jurisprudence française, il doit pendant trois ans, souvent plus, perdre son temps à forcer son aptitude à s'annihiler sous des efforts qui lui sont contraires; aussi devient-il un homme déclassé et n'ayant aucune spécialité utile; or, dès qu'un homme n'est pas utile, il devient nuisible d'une manière ou d'une autre. C'est ce qui arrive pour les avocats, les légistes *malgré eux*.

Admettons même que ce soit la nature de l'enfant d'être avocat; qu'arrive-t-il trop souvent? Les parents, qui déjà ont fait des dépenses au-dessus de leur fortune pour qu'il achève ses études, ne peuvent après cela en faire encore de suffisantes pour qu'il puisse avoir le temps de se faire connaître et de conquérir une clientèle par son talent; cependant, il lui faut vivre, tenir un certain rang, avoir une bibliothèque : les sacrifices de ses parents ne suffisant plus, il est bien obligé de pressurer le plaideur que le hasard ou la camaraderie lui amène, et de tirer de ce malheureux tout ce qu'il pourra en échange de ses *services*. De là, augmentation considérable des frais de procédure, déjà si nombreux et si importants; aussi voit-on fréquemment les frais d'un procès atteindre, dépasser même la somme qui forme le litige. Et je n'avance ici rien qui ne soit connu de tout le monde : ce que je viens de dire appartient au domaine des faits.

Que faudrait-il donc pour qu'il n'en fût plus ainsi?

Deux choses :

La gratuité de la justice;

L'enseignement par aptitudes.

Avec la gratuité, la justice serait accessible à tous et ne menacerait plus la fortune, de ceux qui sont obligés d'y avoir recours.

Avec l'enseignement par aptitudes, on aurait

de véritables avocats, peu disposés, par conséquent, à faire bon marché de ce titre, qui, alors,
serait vraiment respectable.

Si la justice était gratuite, il y aurait certainement plus de procès qu'à présent ; on pourrait obvier à cet inconvénient en chargeant
le juge de paix du canton dans lequel seraient
domiciliées les parties, de s'assurer de la *loyauté*
et de la nécessité des actions civiles que l'on
voudrait intenter. Dans un rapport qu'il ferait
sur chaque affaire, rapport qui serait remis au
procureur général, le juge de paix énoncerait
son opinion sur le bien ou mal fondé de chaque
demande ; il aurait aussi pour mission de faire
tous ses efforts afin de concilier les parties.

Aucuns frais de greffe et d'enregistrement
ne seraient perçus par l'état ; les greffiers seraient payés par lui et recevraient 1,500 fr. au
maximum et 1,200 fr. au *minimum* dans les
villes de 30,000 âmes et au-dessous ; dans celles
de 30 à 60,000 âmes, ils recevraient de 1,500 à
1,800 fr., et, dans celles ayant une population
au-dessus de 60,000 âmes, leur traitement serait de 1,800 à 2,300 fr. A Paris, il serait de
3,000 fr.

Une commission d'avocats, nommée par le
conseil de discipline et rééligible chaque année,
aurait pour devoir de donner à qui que ce soit,
gratuitement, les conseils juridiques dont on
pourrait avoir besoin.

Les honoraires des défenseurs seraient fixés
par le jugement intervenu sur leur plaidoirie ;
cette fixation serait sans appel pour la partie
comme pour le défenseur, excepté dans le cas
où il serait interjeté appel du jugement sur le

fond du procès, cas auquel l'arrêt d'appel statuerait sur le tout.

Il en serait de même pour les procès criminels.

Chaque condamnation, même au civil, donnerait lieu au versement obligé d'une amende, fixée par le tribunal suivant l'importance de la cause. L'amende serait appliquée au maximum si le condamné était celui qui avait intenté l'action. On comprend le double motif de cette disposition.

Toutes les amendes prononcées par jugement formeraient une caisse dont les fonds serviraient à payer les honoraires des défenseurs des parties trop pauvres pour le faire (sauf un droit d'un sixième seulement qui serait perçu par l'Etat pour subvenir aux frais de l'administration de la justice); dans le cas où l'arrêt serait favorable à celles-ci, le tribunal pourrait leur rendre ce paiement exigible. Enfin, le tribunal serait entièrement juge de tous ces cas.

Les fonctions d'avoués seraient supprimées; la partie *utile* de ces fonctions serait dévolue aux notaires et aux avocats; ainsi, ces derniers prendraient eux-mêmes les conclusions dans les affaires qu'ils auraient à plaider.

Les juges siégeraient, au civil, depuis neuf heures du matin jusqu'à midi, et de deux heures à six heures, chaque jour, excepté les dimanches et les jours fériés; les vacances seraient d'un mois seulement.

Je voudrais aussi que les places de juges fussent données au concours, mais cela, — comme bien d'autres choses, — n'est malheureusement possible qu'avec l'enseignement par aptitudes et avec une autre génération....

Je ne connais pas suffisamment tous les rouages de la magistrature pour entrer dans de plus longs développements; je crois cependant qu'au moyen des idées générales que l'on vient de lire, on pourrait réformer avec fruit cette branche si importante de l'administration générale de l'état. Plusieurs résultats désirables seraient au moins atteints :

1° Plus prompte expédition des affaires;

2° Suppression des frais de greffe et d'enregistrement;

3° Suppression des honoraires d'avoué;

4° Consultations gratuites;

5° Moins grand nombre de procès de mauvaise foi ou *de chicane* proprement dite, à cause de l'amende encourue par le condamné, et surtout par celui qui aurait intenté l'action; l'examen par le juge de paix du procès à intenter tendrait encore forcément à diminuer le nombre des actions sur lesquelles les tribunaux auraient à statuer;

6° Enfin, possibilité pour tous de se faire rendre justice; car le plaideur n'aurait qu'à payer les honoraires de son défenseur, honoraires qui, fixés par le jugement, ne seraient certainement jamais aussi considérables que lorsque leur fixation est laissée tout entière à l'arbitraire d'un intérêt souvent irraisonnable.

S'il en était ainsi, les attaques, les épigrammes dont j'ai parlé au début de cet article seraient-elles encore méritées? Le barreau n'aurait-il pas droit, au contraire, au respect de tous ?

L'intelligence ne doit pas être égoïste : plus elle est grande, plus elle doit être désintéressée; c'est une belle fleur qui ne devrait pas s'épanouir que sous les rayons de l'or....

DES GRENIERS COMMUNAUX.

> En supprimant la misère, on diminue
> le nombre des crimes , car le bien-être
> moralise.

Buzançais!!

Ce nom et le drame terrible qui s'y rattache appartiennent à l'histoire de la Faim ; c'est un funèbre chapitre ajouté à ceux déjà si nombreux de cette histoire. Puisse-t-il être le dernier !

Chaque fait emporte avec lui un enseignement : il paraît que pour les hommes d'état qui se sont succédés depuis 1847, le *fait* de Buzançais n'en a point produit, car ils n'ont rien fait pour empêcher le retour des conséquences d'une disette ou d'une famine. Ils ont su déployer une grande énergie pour *réprimer ;* mais, pour *prévenir ,* qu'ont-ils fait ? Rien , absolument rien.

Et cependant le remède à ce mal effroyable est bien simple, bien facile.

Ce remède est le GRENIER COMMUNAL.

Dans un précédent article (celui sur l'enseignement), j'osais dire que l'on pouvait supprimer la guerre, ou du moins la rendre si problématique que les boucheries d'hommes devinssent presque impossibles ; maintenant, j'ose dire que l'on peut supprimer la famine. C'est de l'audace, dira-t-on : c'est tout simplement désir de ne plus voir souffrir autant l'humanité; c'est conviction entière de la possibilité de faire disparaître nos plus grandes misères....

Il ne faut pour cela qu'une chose : VOULOIR.

Rien n'est plus praticable que l'établissement du grenier communal.

Dans chaque ville, un grenier communal serait établi, dans lequel seraient versées toutes les céréales que ne consommeraient pas les cultivateurs ; il aurait un tarif invariable ; ce tarif aurait un *maximum* pour les années de mauvaise récolte et un *minimum* pour les années d'abondance. Le *maximum*, pour le blé de première qualité, serait de 20 fr. par hectolitre, et le *minimum* de 15 fr. ; pour les blés de qualité inférieure, le *maximum* serait de 15 fr. , et le *minimum* de 12 fr. ; 25 c. seraient prélevés, en outre, par hectolitre, pour les frais d'administration , d'emmagasinement, etc.

Pour les autres céréales, le conseil municipal déciderait chaque année , lors d'une session tenue en juillet, des prix auxquels ils seraient livrés pendant l'année qui suivra cette session.

Il devrait toujours y avoir en magasin une quantité suffisante de céréales pour qu'il y ait constamment en plus la consommation d'une semaine.

Le commerce des céréales serait interdit aux particuliers sous des peines sévères.

Dans les communes rurales, où presque tous les habitants sont cultivateurs, il ne serait pas besoin, je crois, d'établir un grenier communal ; cependant, il s'y trouve un grand nombre de pauvres obligés d'acheter du blé lorsque le leur est épuisé ; il leur serait vendu aux mêmes prix que ceux que j'ai énoncés plus haut.

De l'établissement des greniers communaux ressortiraient bien des avantages. Je vais en énumérer quelques-uns :

1° Il ne serait plus possible à l'*industrie* privée, aux *accapareurs*, de profiter d'une disette pour hausser démesurément le prix du pain et spéculer ainsi sur la misère ; il ne dépendrait plus de quelques misérables de faire la hausse ou la baisse sur un aliment de première nécessité ; — on n'aurait alors plus à craindre de voir se relever encore peut-être l'échafaud de Buzançais, parce qu'il ne pourrait plus y avoir de nouveau *pacte de famine*...

2° Quand le cultivateur voudrait vendre son grain, il saurait qu'en mettant sur sa voiture tant d'hectolitres, il rapportera de la ville la somme que ce nombre d'hectolitres produira d'après le tarif ; il n'aurait plus à craindre de ne pouvoir vendre, et, s'il ne voulait pas remporter chez lui ses denrées, d'être obligé, comme cela se fait maintenant, de vendre à perte aux marchands de grains ou de leur payer un droit de dépôt jusqu'au prochain marché, droit qui diminue toujours le gain qu'il espère ; tandis qu'alors, s'il avait un paiement à faire, il saurait qu'il n'a qu'à apporter au grenier communal l'équivalant en grains pour recevoir la somme dont il a besoin.

3° Economie de temps et pour le cultivateur et pour l'acheteur : le cultivateur n'aurait plus besoin de perdre au moins une journée tout entière au marché, et, par conséquent, de faire des dépenses diminuant d'autant son bénéfice ; il arriverait le jour qui lui plairait, déposerait, échangerait son grain contre des valeurs équivalentes, et pourrait s'en retourner immédiatement. De même, l'acheteur n'aurait aucun prix à débattre ; le blé est-il au *minimum*, par exemple ? Il prend l'argent nécessaire à l'achat qu'il a l'intention de faire et va au grenier communal, où cet échange peut avoir lieu tout aussitôt.

4° Chaque cité possédant un grenier communal pourrait émettre, afin de faciliter les échanges, une somme de papier-monnaie égale à la valeur, *terme moyen*, des céréales qu'elle reçoit et débite annuellement. Le grand tort du papier-monnaie de la première République était de n'avoir aucune garantie, c'est-à-dire qu'il n'y avait pas compensation parfaite entre le papier émis et les valeurs réelles qu'il était appelé à représenter ; aussi n'eût-il pas de durée et devint-il la source de difficultés inextricables, d'une grande misère, et, enfin, d'une banqueroute. Mais, dans le cas dont je parle, il serait loin d'en être de même, puisque le papier-monnaie émis représenterait des valeurs en magasin, valeurs non-sujettes à dépréciation, car elles ne descendraient jamais au-dessous du *minimum* du tarif.

Si on arguait de l'impossibilité d'établir de pareils magasins et de les administrer, je répondrais par ce qui a été fait à Grenoble en 1847. Les sociétés de secours mutuels de cette cité se sont unies alors pour acheter du blé afin de le revendre au prix de revient, ce qui s'est parfaitement exécuté, à la satisfaction de tous ; et pourtant ceux qui dirigeaient la distribution des grains n'avaient aucun salaire à espérer que la reconnaissance de leurs concitoyens. Aussi cette belle mesure a-t-elle sûrement contribué à empêcher qu'à Grenoble on eût à déplorer des malheurs pareils à ceux qui ont troublé, à cette époque, un trop grand nombre de localités. Pourquoi ce que des particuliers ont fait une fois et sans le secours du crédit dont jouit le budget d'une ville, ne pourrait-il être pratiqué toujours par les communes, qui présentent toutes les garanties de solvabilité et de *continuité* que l'on peut désirer ? Le papier-monnaie émis par elles n'offrirait donc aucun inconvénient, puisqu'il serait, je le répète, garanti intégralement par une valeur réelle.

Je n'insisterai pas davantage sur tout ce que je viens de dire quant aux greniers communaux. leur praticabilité est palpable ; leur utilité ne peut être contestée par tout homme non intéressé. Je n'entrerai donc pas dans plus de développements ; si j'insistais, ce serait mettre en doute l'intelligence de mes lecteurs.

RÉFLEXIONS.

Je crois devoir borner à l'exposé succinct des quelques réformes essentielles et pivotales que l'on vient de lire la revue des moyens par lesquels on pourrait arriver à transformer peu à peu la vieille société en un milieu où tout serait à sa place, et où chacun, quelle que fût son intelligence native et la position sociale à laquelle cette intelligence lui permettrait d'aspirer, trouverait un bonheur individuel assez complet pour qu'une nation tout entière n'eût plus à craindre les dangereux effets de la DÉSORGANISATION actuelle.

J'ai dit *désorganisation*. Quel spectacle, en effet, avons-nous sous les yeux ? Quel spectacle nous est encore réservé si nous restons dans le *statu quo ?*

Corruption partout, dans toutes les classes ; — affaissement du sens moral et de l'intelligence ; — quelques fleurs seulement dans un vaste bourbier...

Dans les régions gouvernementales : — ambitions rapaces et de toutes sortes, ne reculant devant rien pour se satisfaire ; — résistance au progrès ; — enfin, tant à l'extérieur qu'à l'intérieur, les innombrables dangers et conséquences résultant des gouvernements personnels.

Dans les classes que l'on appelle *supérieures:* — oisiveté dangereuse, et tout au moins inutile ; — monopole des places, des honneurs, au moyen de l'instruction que la fortune leur permet de recevoir ; — aristocratie incompatible tout à la fois avec le Christianisme selon le Christ et par suite avec une saine démocratie.

Dans les classes des capitalistes et des industriels : — agiotage effréné et dégoûtant ; — vol légalement organisé ; — pression déloyale au moyen du capital sur toutes les affaires de la France ; — les riches industriels, les Rothschild, maîtres du crédit public ; — USURE !

Dans le commerce : — concurrence sans frein entre les commerçants, concurrence dont le consommateur est toujours la victime.

Dans l'agriculture : — point ou presque point d'encouragements efficaces ; — routine pour la science agricole ; — servage véritable pour les petits propriétaires et les fermiers ; — abandon de la campagne par ceux qui y naissent, et qui, cherchant dans les villes un travail moins pénible et plus productif, augmentent par cela même le travail déjà si rude de ceux qui restent attachés à la terre et la misère des travailleurs des villes ; — impôt foncier écrasant et réparti d'une manière inéquitable ; — un tiers de la France laissé en friche faute de colonies agricoles ; — agriculture morcelée ; — endiguements partiels, et, par suite, produisant peu ou point de bons résultats ; — etc., etc.

Dans les ministres du culte catholique : — hypocrisie ; — oubli des devoirs évangéliques ; — intérêts trop terrestres ; — immixtion des ecclésiastiques dans les questions autres que celles purement religieuses ; — *vente* de la parole du Christ ; — pour un bon prêtre , que de mauvais !

Dans les classes ouvrières : — concurrence acharnée et de tous les instants d'états à états , d'ateliers à ateliers , d'ouvriers à ouvriers. Le travail n'étant pas assuré à tous parce que les uns travaillent *trop* et les autres pas assez , c'est à qui offrira ses bras au rabais aux patrons ; ces derniers , lorsqu'ils n'ont au cœur aucun sentiment de fraternité (qu'il en est ainsi !) , profitent de ce *steeple-chase* de la faim pour élever des prétentions inhumanitaires sous lesquelles il faut souvent se courber, de crainte de s'entendre dire brutalement : *Les ouvriers ne manquent pas : si tu n'es pas content, j'en trouverai qui feront ce que je veux.....* Et il suffit qu'une seule fois l'ouvrier ait ainsi forcément passé sous les fourches caudines du capital, pour qu'il n'ait plus d'autre volonté que celle du maître, lors même que cette volonté fera de lui un esclave attaché jusqu'à la fin au carcan de la misère !

Puis, que de jalousie entre les ouvriers ! En est-il un pour qui le maître a plus d'égards , qu'il occupe plus longtemps, pour qui il est plus disposé à délier les cordons de sa bourse, en qui il a plus de confiance ? Vite on lui fait un enfer de l'atelier , on le jalouse, on le dénigre, on le calomnie ; c'est un pestiféré qui fait rire s'il a de la peine, qui fait souffrir s'il a de la joie ! Et pourquoi tant de cruauté , pourquoi tant de haine ? Parce que l'ouvrier jalousé a peut-être plus d'intelligence, d'amour du travail, et que par suite son pain lui est plus assuré...

Pauvres ouvriers, ce n'est pas sur vous seuls qu'il faut faire retomber la responsabilité de vos vices, de votre inintelligence des choses, de vos intérêts et de vous-mêmes : la misère aigrit, rend mauvais, abrutit même ; il faut remonter à la société tout entière pour trouver le coupable ; n'êtes-vous pas pour elle de vrais enfants abandonnés, de qui elle ne prend souci que lorsque vous lui ordonnez de le faire ? Peut-on trouver tort à l'aveugle de ne pas voir la route ? Vous a-t-on montré, vous montre-t-on le chemin de la Fraternité ? Vous donne-t-on l'instruction que votre intelligence peut recevoir ? Vous assure-t-on du pain en vous assurant du travail ? Vos cheveux blancs peuvent-ils garder leur dignité ? En salariant justement le travail de vos femmes et de vos filles, assure-t-on leur honneur ?

Dans l'état actuel de la société, tout tend à augmenter la misère des classses ouvrières si on ne se hâte d'opposer enfin une bonne et solide digue au paupérisme envahisseur ; ainsi, les mécaniques, au lieu d'être reçues avec reconnaissance par le travailleur, sont vues par lui à bon droit de mauvais œil, et lorsqu'il peut les détruire, il le fait, car elles tendent presque toutes à remplacer ses bras..... Ainsi les merveilles créées par le génie humain sont nuisibles à l'homme si elles sont utiles à l'industrie ! Je ne peindrai pas les angoisses de l'ouvrier lorsqu'il est en présence des mécaniques qui doivent lui ôter son travail ; elles se comprennent sans qu'il soit besoin de les faire ressortir : son intelligence lui dit d'admirer, ses intérêts matériels le forcent dé maudire ! Si le travail était organisé, croit-on qu'il en serait ainsi ? Oh ! qu'à tous nos maux il est de faciles et de puissants remèdes ! — Si l'on voulait....!

A ce propos, qu'il me soit permis de m'étonner, moi ouvrier, des allégations de MM. Ch. Dupin et Thiers, qui ont osé dire et écrire qu'en gagnant 1 fr. 50 c. par jour un ouvrier pouvait parfaitement vivre avec une femme et deux enfants ; qu'il pouvait même avec cela faire des économies assez considérables *pour vivre de ses rentes* arrivé à l'âge qui ne permet plus le travail manuel. *Vivre....!* De pareilles énormités , j'adoucis l'expression, ne se discutent pas ; on lève les épaules de pitié en présence de cette aberration de l'intelligence humaine ; je ne puis croire pour ma part que ces deux hommes qui, eux, ont plus que le superflu, ont parlé sérieusement : j'aime mieux penser qu'ils n'en savent pas davantage ; car si MM. Thiers et Ch. Dupin ont eu la conscience de ce qu'ils ont avancé , ils ont commis tout à la fois une lâcheté et une infamie ! Ce serait un crime , et, pour l'expier cruellement, il suffirait que, pour toute peine, ils fussent obligés de *vivre* comme ils osent avancer qu'un ouvrier peut le faire. Il est à croire qu'au bout d'un certain temps, ces messieurs seraient convertis au progrès, et qu'ils en deviendraient même les plus ardents promoteurs. — Quand on veut écrire de telles choses , monsieur Thiers, il faut prouver la théorie par la pratique ; on doit s'enterrer dans une vie de travail et de mansarde, au lieu de faire de l'économie politique dans un confortable hôtel de la place Saint-Georges ! Nouveau Sénèque, n'écrivez pas *en faveur* de la misère sur une table d'or ! — Que tous les ouvriers

vous pardonnent comme je le fais! Christ n'a-
t-il pas dit des Pharisiens : *Pardonnez-leur,
Seigneur, car ils ne savent ce qu'ils font!*

Passons, passons. Il est des choses sur lesquelles il est inutile de s'appesantir....

J'aurais voulu parler encore de bien des
choses, entre autres de la législation sur les enfants trouvés, que l'on laisse peupler presque à
eux seuls les bagnes et les prisons ; enfants
pour qui la société devrait être une mère à défaut de celles qui les abandonnent. En ceci, que
de bonnes et grandes choses à faire !

J'aurais voulu parler des heures de travail ,
qui, au moyen de l'association telle que je l'ai
montrée praticable, ne seraient plus trop nombreuses pour les uns et pas assez pour les autres, car le travail pourrait facilement être partagé entre tous, d'où suivrait *forcément* l'ORGA-
NISATION DU TRAVAIL telle qu'elle peut être pra-
tiquée avec la société actuelle....

J'aurais désiré montrer que l'on peut supprimer la concurrence déloyale qui se fait dans
tout commerce en établissant un *minimum* de
prix pour chaque chose quand les matières
premières sont à leur prix anormal ; un *maximum* quand elles subissent une augmentation :
d'où suit qu'il n'y aurait plus qu'une concurrence nécessaire, juste, celle du *bien-faire.*

J'aurais voulu peindre aussi ces réduits où
végètent la plupart des ouvriers des villes, où
habitent les ouvriers des campagnes ; mais la
loi proposée par M. de Melun est venue donner
une réalité à ma pensée. Je ne sais quelles sont
les opinions politiques de M. de Melun , mais
je suis de ceux qui pensent que le *bien* doit être
loué dans quelque camp qu'il se produise ;

grâces lui soient donc rendues pour son initiative dans la proposition de cette loi. — Fasse
Dieu qu'elle soit mieux exécutée que celle relative au travail des enfants dans les manufac-
tures !

J'aurais enfin voulu m'occuper de plusieurs
autres questions secondaires, et montrer de
nouveau quelques-unes des conséquences générales des idées que j'ai émises ; mais, outre que
j'ai peu de temps à moi, je dois encore veiller
à ce que cette brochure ne contienne pas trop
de pages, puisque je n'ai pour tout bien que
mon travail.... Toutefois, bien heureux serais-
je si ces lignes hâtées, et qui se ressentent un
peu trop peut-être de mon manque de savoir-
faire en littérature, pouvaient servir à quelque
chose, et si le germe que je dépose dans les
intelligences fructifiait un jour !

Je le répète en terminant, je n'appartiens pas
à une école plutôt qu'à une autre ; loin d'être
exclusiviste, je dis hautement qu'il n'est pas
une des idées sociales que la Révolution de Fé-
vries a fait éclore qui n'ait du mérite par quelque côté ; seulement, faisons d'abord pour le
présent ; quand il nous sera acquis, nous pourrons plus sûrement porter nos regards vers
l'avenir, et travailler à constituer une société
meilleure encore que celle que nous aurons ré-
formée. — « *Qui trop embrasse mal étreint,* »
dit l'adage ; c'est parce que nous voulons
trop à la fois que nous n'avons encore que l'espérance.... et le souvenir d'un sang généreux
versé deux fois pour les intrigants et les ambitieux de toute sorte et de tout parti !

Plus de révolutions sanglantes, frères ! Ren-
fermons-nous dans notre force morale, réflé-

chissons, pesons mûrement les hommes et les choses, point d'impatiences révolutionnaires, et le jour n'est pas bien loin où, si nous avons la persévérance et l'esprit de suite, la France sera heureuse parce que nous ne serons plus sur cette terre des parias, des esclaves de l'agriculture et de l'industrie, et que nous aurons enfin mis en pratique POUR TOUS, sans violenter aucun droit légitimement acquis, la trinité républicaine : LIBERTÉ ! ÉGALITÉ ! FRATERNITÉ !

Pour cela, il ne faut que du vouloir.... — Peuple, aide-toi, et le ciel t'aidera!

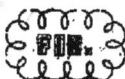

FIN.

TABLE.